UN
VOYAGE D'AFFAIRES
EN ESPAGNE EN 1718

EXTRAITS

des Mémoires inédits du Strasbourgeois Jean-Everard Zetzner

PAR

RODOLPHE REUSS

Correspondant de l'Institut.

STRASBOURG

Librairie Noiriel (F. Staat)

1907

UN
VOYAGE D'AFFAIRES
EN ESPAGNE EN 1718

EXTRAITS

des Mémoires inédits du Strasbourgeois Jean-Everard Zetzner

PAR

RODOLPHE REUSS

Correspondant de l'Institut.

STRASBOURG

LIBRAIRIE NOIRIEL (F. STAAT)

1907

Rixheim (Alsace). — Imprimerie F. Sutter & Cie

UN VOYAGE D'AFFAIRES

EN ESPAGNE EN 1718

EXTRAITS

des Mémoires inédits du Strasbourgeois Jean-Everard Zetzner

On a bien voulu s'intéresser aux aventures de Jean-Everard Zetzner, ce jeune commis-négociant strasbourgeois que les lecteurs de la *Revue d'Alsace* ont suivi déjà à travers l'Allemagne et les Pays-Bas, dans les pays scandinaves, à Londres et à Edimbourg, soit dans les dernières années du dix-septième siècle, soit au début du dix-huitième. Ils l'ont vu renoncer, le cœur bien gros, à ses amours norvégiennes, et, docile aux suggestions de ses parents, revenir dans sa ville natale pour s'y établir, après s'être fiancé avec la fille, un peu mûre déjà, d'un orfèvre de Strasbourg. Inscrit, le 30 juin 1705, comme membre de la tribu du *Miroir*, parmi les bourgeois de la cité, devenu père d'un fils baptisé Jean-Daniel, le 20 janvier 1706, le héros de nos précédents récits de voyage semblait devoir mener dorénavant une existence sédentaire dans sa boutique de changeur et ses magasins de commissionnaire en marchandises. Ses déplacements pour affaires à Metz, à Bâle et autres lieux, racontés dans son journal, n'intéresseraient guère le lecteur, non plus que les détails copieux qu'il nous fournit sur la nature de son négoce.

Il a bien, par ci par là, quelques petits ennuis avec la justice consulaire, à Metz ou à Troyes, mais, en somme, sa vie est paisible, et les profits de ces premières années sont assez considérables[1]). Ce qui le prouve, c'est que le 22 décembre 1708 il fait l'acquisition de la maison Schatz dans la *Fladergass* (partie inférieure de la rue des Hallebardes actuelle) pour une somme de dix mille florins, et qu'il dépense encore plus de 4000 florins dans les années suivantes, pour l'agrandir ou la réparer, sans compter les frais de chancellerie[2]). C'était alors l'époque terrible de la guerre de la succession d'Espagne. La misère générale était grande, les besoins de l'administration royale étaient immenses, son crédit chancelant et l'agiotage effréné des hommes de finance leur permettait de faire de bonnes affaires, quand ils avaient des «tuyaux» comme on ne disait pas alors, ou le flair subtil; mais aussi les risques étaient gros, car souvent « *les billets de monnaye* montaient ou baissaient de dix à quinze pour cent, d'un courrier à l'autre, ce qui a fait gagner beaucoup d'argent à certains négociants, mais en a ruiné encore davantage, car ce commerce ressemble à une partie de dés… Le trafic des lettres de change était si actif cette année-là, et les années précédentes, entre Paris, Lyon, Genève, Bâle et Amsterdam que certains banquiers d'ici expédiaient des traites pour cinquante à cent mille livres par un même courrier ». Mais en 1709 ce « papier variable » des billets de monnaie tombe en un discrédit tel que finalement on pouvait avoir mille livres en billets contre cent livres en espèces, « si bien que ceux qui avaient des payements à faire et n'avaient d'autres effets en main que ces malencontreux billets, furent obligés de verser dix.

1) Il allait souvent chercher au dehors l'argent nécessaire pour la solde de la garnison de Strasbourg et l'on voit qu'il était alors très bien vu des autorités, de l'intendant Le Pelletier de la Houssaye, du préteur royal, M. de Klinglin, du commandant de place, M. de La Bastie. (*Reyssbuch*, p. 430-437).
2) C'est-à-dire les taxes de la Chambre des Contrats (p. 438).

mille livres quand ils avaient une dette de mille livres à régler, alors que cependant il leur avait fallu accepter ces billets à leur valeur nominale ». En dehors de ces *billets de monnaie*, le commerce de France (et celui de Strasbourg) était encore paralysé et écrasé, au dire de Zetzner, par une foule d'autres « papiers » analogues, billets Le Bas ¹), billets ustensiles, billets de remonte, billets de subsistances, etc. Notre héros perdit sur ces « effets royaux » de 50 à 60 % (p. 440), sans compter les faillites particulières dans lesquelles il fut impliqué, et qu'il énumère en détail ²). « De 1705 à 1709, écrit-il, j'avais tant gagné que j'aurais pu vivre facilement de mes rentes ; mais maintenant Dieu, qui m'avait donné cet argent, me l'a repris ». Dès ce moment déjà, sa situation commerciale était assez sérieusement compromise. Peu à peu cependant il lui rentra une vingtaine de mille livres sur les faillites du dehors, et ses propres créanciers, loyalement avertis de ses embarras pécuniaires, mais convaincus de son honnêteté et surtout de son savoir-faire, lui offrirent toutes les facilités désirables pour qu'il pût continuer ses affaires et en entamer de nouvelles. Ce fut surtout la maison de banque Studer et Cⁱᵉ, à Paris, qu'il mentionne avec reconnaissance. « J'ai tiré sur elle, de 1710 à 1713, pour plus de neuf cent mille livres de lettres de change, dont je versais le montant à M. Sébert, directeur de la Monnaie, qui reversait l'argent à M. le trésorier Le Bas, pour les besoins de la garnison ».

I.

Malheureusement les bénéfices matériels réalisés par l'intelligente activité de Zetzner, devaient tenter d'autres

---

1) M. Le Bas était le trésorier-payeur des troupes royales en Alsace.

2) Je fais grâce au lecteur du détail de ces premières infortunes (j'en aurai encore tant à conter!), il suffira de dire que Zetzner évaluait ses pertes en ces années 1709-1710 à un ensemble de 72.010 livres (page 441).

négociants strasbourgeois; deux d'entre eux, MM. Caspary père et fils, qui étaient des parents plus ou moins éloignés, le prièrent de les associer à ces opérations de banque, et, pour son malheur, il consentit à faire des affaires avec ses «cousins» *(vettern)*. Au début tout marcha bien; de 1711 à 1714, les nouveaux compagnons, profitant du crédit de Zetzner, tirèrent — c'est lui qui l'affirme — pour près de cinq cent mille livres de lettres de change sur Paris, Lyon, Francfort et Bâle, sans engager dans ces maniements de fond un sol de leur propre argent. Comme, en outre, le commerce de denrées coloniales et autres (café, poivre, indigo, cochenille, huile d'olives, etc.), était très florissant, le *Journal* de notre Strasbourgeois constatait, en mars 1714, que sa maison « se trouvait dans une situation fort réjouissante ». Mais, à ce moment même, s'ouvrit la grande crise commerciale, qui devait finalement l'obliger à son voyage d'Espagne. Nous n'en indiquerons ici que les péripéties principales; il n'est pas cependant sans intérêt de voir comment se traitaient les affaires au commencement du XVIIIᵉ siècle en Alsace, et nous avons là-dessus trop peu de renseignements précis, pour ne pas profiter un peu, au risque même d'en abuser, des données fournies par le *Reyssbuch* de Zetzner.

Le jeune Caspary, qui semble avoir été un franc vaurien, avait été envoyé à Genève, pour y négocier des lettres de change sur Francfort; non seulement il y gaspilla beaucoup d'argent en «s'amusant», des semaines durant, avec quelques amis de son âge, mais en repassant par Bâle, à son retour, il commit l'incroyable imprudence de donner, au nom de son père et au sien, des lettres de change pour 30,000 livres aux banquiers Seyler et Socin, de cette ville, tirées sur Tobie Rotmund, de Lyon, et immédiatement exigibles, alors qu'il n'avait aucuns fonds disponibles pour les couvrir. Aussi quand l'échéance arriva, les Caspary supplièrent-ils leur parent de leur avancer cette somme, afin d'éviter une catastrophe, et, après avoir longtemps hésité, Zetzner eut la générosité ou plutôt la faiblesse de céder à leurs sollicitations et de fournir sa garantie pour la somme au commerçant lyonnais. Mais, désireux de se renseigner sur le compte de ce personnage, ayant d'ailleurs besoin de renouveler ses provisions de produits du midi, il quitta Strasbourg le 23 mars 1714, avec son commis Rheinthaler, et, courant la poste, il arriva le 27 à Lyon et s'y logea chez la veuve Giraudé. Zetzner était porteur d'un capital assez important; il avait en portefeuille pour 52.253 liv. de bonnes traites, toutes acceptées et absolument liquides. Rotmund fut un des premiers à lui rendre visite, et au cours de leur entretien, il lui offrit ses bons soins pour l'encaissement des traites en question, déclarant renoncer à la provision qui se payait d'ordinaire en ce cas. Notre négociant avait pris, au débotté, des renseignements sur la situation financière de cet individu, et on lui en avait fourni d'excellents; « il jouissait d'un crédit très étendu et faisait des affaires considérables ». Aussi le bon Zetzner, qui allait remettre ses lettres de change à son correspondant ordinaire, un M. Léonard Schuler, pour les réaliser au taux d'usage ($^1/_3$ %) jugea-t-il, un peu trop précipitamment, que l'offre du Lyonnais était à la fois « commode et utile », et lui confia-t-il ses 52.253 liv. de France, qui, d'après le cours du jours (140 %) représentaient 73.154 liv. d'Alsace. Cette somme devant être encaissée exclusivement en monnaie d'argent (*in weissem geldt*), il aurait été en effet trop incommode et même dangereux de garder le tout dans son logis. « Rotmund me quitta donc, après avoir mis les lettres de change en poche, sans que j'eusse la moindre méfiance, et même si j'avais eu plus d'argent, je le lui aurais confié sans hésiter. Hélas ! combien méchamment et frivolement ce coquin de Tobie Rotmund m'a traité, en vrai voleur et brigand qu'il était, on va le voir tout à l'heure ! » (p. 455).

En effet, ce négociant, également roublard et malhonnête, ayant empoché les traites en question, le 29 mars, s'empressa de les *réaliser* toutes, dans les vingt-quatre heures, au comptant. Le 30, à onze heures du matin, il causait encore amicalement à la Bourse avec Zetzner, qui n'avait pas le moindre pressentiment du coup qui allait le frapper. Mais, vers les deux heures, il voit arriver un confrère, M. Lotty, qui lui demande s'il sait déjà que Rotmund a pris la poudre d'escampette. Avec un effarement bien naturel, il demande comment cela peut être possible, puisqu'il lui a parlé lui-même trois heures auparavant, et il envoie sur le champ Rheinthaler au comptoir du fugitif. Le fidèle commis revient fort abattu ; déjà plusieurs commerçants y étaient venus pour toucher des effets acceptés par Rotmund, sans le trouver, et ses commis déclaraient unanimement qu'ils ignoraient ce qu'était devenu leur patron. « Chacun peut facilement juger quels furent mes sentiments en apprenant cette désastreuse et subite nouvelle ! » Pourtant, il ne pouvait se résigner à croire à un pareil malheur; il va s'installer dans les bureaux de Rotmund, et tient compagnie aux employés jusqu'à onze heures du soir, espérant toujours voir surgir le débiteur infidèle; mais son espoir fut trompé, « aucun Rotmund ne se présenta ».

Le désastre devait se révéler encore plus grand qu'il ne le croyait. Non seulement le capital escroqué si audacieusement semblait bien perdu, mais en examinant les livres du négociant lyonnais, Zetzner dut constater que les 30.000 livres, garanties à la demande des Caspary aux banquiers de Bâle, avaient été acceptées par Rotmund, mais qu'il ne les avait pas employées à solder les lettres de change en question. « Je passais la nuit, tourmenté par des préoccupations terribles, et je m'écriais désolé : « O Caspary, quel autre malheur m'as-tu encore mis à dos par ta légèreté ! » (p. 457).

Le lendemain la faillite de la maison Rotmund était officiellement proclamée; le passif se montait à environ 900.000 liv., et là-dessus notre infortuné Strasbourgeois était intéressé pour près de 150.000 liv., à ce qu'il prétend [1]), aussi comprend-on qu'il ait appelé cette opération « la plus effrontée volerie qui se soit produite jamais entre commerçants ». Naturellement, il prit sur le champ toutes les mesures possibles pour agir en justice contre ce débiteur frauduleux, qui s'était caché — on ne le sut que plus tard — dans un des couvents de la ville. Je ne suis pas assez versé dans le droit commercial pour analyser en détail les documents insérés par lui dans son *Journal* et les longues discussions qu'il rapporte au sujet d'un concordat à accorder ou à refuser au coupable. Zetzner tenait surtout à ce que l'opération qui avait précédé le *Krach* final, l'escroquerie des 73,000 liv. ne fût pas regardée comme une *affaire commerciale*, et que cette somme si énorme pour lui, considérée comme dépôt, fût distraite de l'ensemble de la faillite, pour lui être restituée d'emblée. La justice consulaire sembla disposée d'abord à reconnaître cette prétention, mais les avocats, les procureurs et les notaires s'en étant mêlés, lui dénièrent tout droit à une préférence quelconque. « O maudites chicanes *sic)* de ces gens-là ! » s'écrie le malheureux, déçu dans son espoir. Son propre avocat, Me Bourg, lui recommanda vivement de ne pas se montrer intransigeant, et de consentir à ce qu'on accordât un sauf-conduit au fugitif, afin d'aboutir à un arrangement à l'amiable. Zetzner finit par céder et donna sa procuration à l'un des quatre syndics de la faillite, au sieur Viéles, pour négocier et conclure en son nom, car il était pressé de retourner à Strasbourg pour y surveiller ses affaires, et le règlement de la faillite Rotmund allait forcément durer longtemps, puisque les débiteurs et les créanciers se trouvaient à Cadix, à Londres, Amsterdam, Bordeaux, Marseille, Venise, Bilbao, etc.

1) N'étant pas initié aux affaires de banque, je ne puis naturellement pas contrôler les assertions de Zetzner; j'ai très fidèlement extrait et donné partout les chiffres qu'il confie à son *Journal*; par moments il m'a semblé que les calculs de mon brave compatriote ne cadraient pas toujours avec des données antérieures, mais je ne me suis pas senti la compétence nécessaire pour discuter son texte ni surtout pour le rectifier.

Une fois de retour dans sa ville natale — le 10 avril
1715 — notre pauvre banquier ne trouva guère le repos.
Une série de lettres de change avaient été mises en
circulation par les Caspary, toutes payables à la prochaine
foire de Pâques, à Francfort; ils n'avaient pas d'argent,
et le supplièrent « à mains jointes » de leur venir en
aide, faute de quoi ils se verraient obligés de disparaître
(davon lauffen müssten). Assurément il ne se faisait
aucune illusion sur leur compte; il les déclare à plusieurs
reprises « gens menteurs et malhonnêtes » *(verlogene
und ehrvergessene leuth),* qui répandent dans la parenté
le faux bruit qu'il n'a pas tout fait pour les sauver, et
cependant sa bonhomie l'entraîne à de nouveaux sacrifices en faveur de ces « âmes méchantes ». Il va jusqu'à
hypothéquer sa propre maison à l'un de leurs créanciers
allemands, M. Crugot, par devant la Chambre des Contrats, pour procurer 10.000 liv. supplémentaires aux
Caspary, qui, loin de lui être reconnaissants, continuent
à lui jouer les plus vilains tours du monde [1].

Dès le mois de juin d'ailleurs, Zetzner reprend le
chemin de Lyon, avec son fidèle Rheinthaler. Ils sont
attaqués, en route, près de Mâcon, « dans le voisinage
du château de M. Ollivier », par six brigands, armés
de sabres et de pistolets, qui leur réclament leur argent.
Heureusement le postillon parvient à se faire entendre
de quelques paysans qui travaillaient à proximité dans
les champs. Il en accourt une quinzaine, armés de faux
et de bâtons, au moment où déjà les chevaux avaient
été dételés, et les malfaiteurs prennent la fuite. Plus

---

1) Zetzner nous raconte (p. 473-481) une histoire passablement
embrouillée d'une « partie d'indigo » pesant 8400 livres et à lui appartenant, qui était déposée chez Behaghel et Van de Wall, à Amsterdam,
et représentait une valeur de plus de 20.000 florins; ses cousins la
firent vendre, sans son autorisation, à un moment où les prix étaient
fort bas; le mois d'après, la hausse est considérable, de 48 à 85 *stuyver*
par livre! De la sorte, Zetzner perdit, du coup, 6743 florins ou (le
cours étant à 186%) 14.050 livres d'Alsace. On comprend qu'il s'écrie:
« *O schædliche und falsche freind- und verwandschaft!* En est-il un
sur mille à qui l'on puisse se fier? »

tard Zetzner eut la satisfaction d'apprendre que trois
d'entre eux avaient été pris et roués ou pendus à
Mâcon, comme coupables de plusieurs assassinats.

Arrivé à Lyon, notre voyageur essaie avant tout
de toucher le cœur endurci *(das diebische hertz)* de
Rotmund par des objurgations et des menaces également
vaines. Il sollicite la bienveillante intervention
du maréchal duc de Villeroy, gouverneur de Lyon,
pour lequel il avait su se procurer une lettre de recommandation, émanant du comte palatin de Birkenfeld,
l'héritier des Ribeaupierre en Alsace[1]). Mais le prévôt
des marchands, M. Ravat, lui déclare, et les syndics
lui répètent, qu'on n'a point encore tiré au net la
situation du failli et qu'il faut attendre! Retour mélan-
colique à Strasbourg, puis, peu après, troisième voyage
à Lyon, dans les derniers jours de juillet; évidemment
Zetzner ne tenait plus en place. Il pénètre chez Rotmund et lui crie, devant ses commis : « Misérable voleur,
veux-tu me rembourser les 73.154 livres d'Alsace que
tu m'a escroquées deux jours avant ta faillite? Oui, ou
non? Réponds! » Mais son interlocuteur déclare, « après
avoir longuement réfléchi », qu'il n'était pas maître de
son actif et qu'il fallait s'adresser aux syndics. C'est
donc là que se rend notre Strasbourgeois. Hélas! une
nouvelle épreuve lui était réservée. Quelques jours
auparavant seulement, un accord avait été conclu entre
Rotmund et ses autres créanciers, et, muni de la procuration nécessaire, M. Vièles, l'un des syndics, y avait
acquiescé au nom de Zetzner. Celui-ci, déclarant perdre
à cet arrangement 50 % de sa créance, proteste contre
un acte pareil, dénonce Vièles au prévôt des marchands,

---

1) Zetzner écrit presque toujours seulement « le prince de B. »,
mais, à deux reprises, il s'est laissé aller à mentionner le nom en entier;
c'est vraisemblablement de Chrétien III qu'il s'agit. Notre négociant
devait avoir rendu des services sérieux au petit dynaste alsacien, car il
en obtient fréquemment des lettres de recommandation pour les cours
de France et d'Espagne; mais il n'a pas jugé à propos de rien noter
à ce sujet dans son *Journal.*

charge un avocat de Paris, M. Arrault père, d'en appeler
de la sentence des juges lyonnais au Conseil d'État [1]),
présente, « par l'intermédiaire d'un haut personnage »,
un Mémoire au duc d'Orléans, régent du royaume, une
supplique à M. de Villeroy, bref se démène à outrance
pour ses écus. Il réussit à obtenir en effet un ordre de
la cour au nouveau prévôt des marchands, M. Cholier,
pour réviser la sentence, et même pour mettre Rotmund
préventivement sous les verrous. Mgr. le duc d'Antin,
« premier président du Conseil des affaires du dedans
du royaume », veut bien aussi ordonner une enquête
sérieuse, à la demande du prince de Birkenfeld [2]).
Malheureusement le failli, prévenu de ce qui se prépare,
s'échappe du royaume, et, retiré en Suisse, nargue ses
juges et ses créanciers. M. de La Clossure, résident de
France auprès de la république de Genève, ne peut obtenir son extradition, et une lettre du prince de Birkenfeld
au Magistrat de la petite république, offrant l'extradition
éventuelle de banqueroutiers cachés sur ses terres à
lui, ne parvient pas davantage à faire restituer le
fugitif [3]).

En désespoir de cause, Zetzner, pour sauver au
moins quelque chose du naufrage, déclare renoncer à
poursuivre Rotmund au criminel, et charge le prévôt
des marchands, M. Cholier, de négocier « à l'amiable »
avec son débiteur. Le coquin revient donc tranquillement à Lyon, en mars 1718, et c'est alors que s'ébauche

1) On a intercalé à cet endroit dans notre volume un « Factum
touchant la somme de 47.253 livres malicieusement volée au sieur
Zetzner, marchand de Strasbourg, par Tobie Rotmund, originaire de
Genève et cy-devant marchand à Lyon, immédiatement avant sa banqueroute frauduleuse ».

2) Zetzner joint à son texte les lettres écrites par le duc d'Antin
(26 octobre 1716) et le duc de Villeroy (23 octobre) au prince de
Birkenfeld, pour lui promettre de s'intéresser « au banquier que vous
protégez ».

3) La lettre avait été portée à Genève par un autre cousin de
Zetzner, le nommé Jean-Philippe Walter, que nous rencontrerons tout
à l'heure. Notre Strasbourgeois, très malheureux en fait de parenté,
n'eut pas à se louer du zèle ni de la conduite de cet émissaire peu
consciencieux.

le projet d'un voyage en Espagne, qui jusque-là n'avait certainement préoccupé d'aucune façon le négociant strasbourgeois.

II.

Voici quelle en fut la raison première. Parmi les débiteurs de Rotmund se trouvait un commerçant de Cadix, Français d'origine, don Pedro Ignatio de Surmont. La somme due par lui était assez considérable, puisqu'elle se montait à 21.815 piastres, soit à 86.713 livres en argent français (p. 501). Il est vrai que ledit Surmont venait de perdre une notable partie de sa fortune dans la grande catastrophe qui avait anéanti la flotille des îles Bahama, de sorte qu'on ne pouvait savoir encore s'il parviendrait à satisfaire ses créanciers. M. Cholier et les syndics de la faillite Rotmund offrirent à Zetzner de lui céder toutes les créances de ce dernier sur Surmont, à la condition expresse que les premières quinze mille livres, qu'il parviendrait à tirer du négociant de Cadix, seraient versées à la masse de la faillite, et que tout le reste serait pour lui-même. Bien entendu, il partagerait en outre, avec les autres intéressés, les sommes sauvées de la faillite Rotmund, au prorata de ses créances. Cette proposition rendit notre Strasbourgeois fort perplexe. On lui représentait d'une part que le voyage d'Espagne serait long et pénible, et que peut-être on n'en rapporterait en tout que les quinze mille livres, promises d'avance à Rotmund ; d'autres amis, au contraire, l'invitaient à revenir à Lyon et à discuter les détails de cet arrangement, l'assurant que les affaires de Surmont n'étaient pas en un désarroi tel qu'il fallût en désespérer. « Je ne sais que décider, notait-il dans son *Journal*, et je prie Dieu de me guider au mieux de mes affaires » (p. 503).

Finalement il se décida tout au moins à refaire le voyage de Lyon ; celui d'Espagne était admis comme au moins probable, car Zetzner prie le prince de Birkenfeld de lui procurer des lettres de recommandation de la cour de France pour celle de Madrid, afin de pouvoir exercer de la sorte une pression plus efficace sur le négociant de Cadix. Le prince palatin acquiesca de bonne grâce à cette nouvelle demande, fit les démarches nécessaires à Versailles, et, quinze jours plus tard, on remettait à son protégé une lettre très énergique, signée du duc d'Antin, qui le recommandait aux bons soins du duc de Saint-Aignan, l'ambassadeur de France en Espagne. Le prince poussa l'amabilité jusqu'à lui faire tenir une seconde lettre de recommandation personnelle de Son Altesse Sérénissime pour le cardinal Albéroni, alors le tout-puissant ministre du roi Philippe V.

Ce n'est pas sans émotion profonde que le bon Zetzner se mettait en route pour des pérégrinations aussi lointaines, et cette émotion perce dans les humbles supplications qu'il adresse à Dieu, le priant d'être son protecteur dans ce pénible voyage et de ne point l'abandonner jusqu'au moment où il serait heureusement de retour auprès de sa femme et de son petit Jean-Daniel. Les siens n'avaient pas voulu d'ailleurs le laisser franchir tout seul les Pyrénées. Son fidèle commis Rheinthaler étant mort peu auparavant, ils lui avaient cherché un remplaçant et l'avaient trouvé en la personne de ce parent éloigné, Jean-Philippe Walter, que nous avons déjà nommé. On doit s'étonner que, malgré les expériences tout récentes de Genève, notre compatriote ait poussé la bonté d'âme jusqu'à s'encombrer d'un pareil compagnon de route, qui ne pouvait que lui causer mille ennuis. Il y consentit par pure bonhomie, la mère et la sœur de ce mauvais sujet le suppliant assez égoïstement de l'emmener, « afin qu'elles pussent vivre tranquillement, sans crainte et sans danger ». Plusieurs de ses amis, pasteurs et laïques, essayèrent de l'en dissuader, mais, avoue-t-il lui-même, « ma complaisance pour sa famille ne m'a point permis de refuser les sollicitations des siens ». Ce qui peut sembler plus incroyable encore — mais le *Journal* l'affirme à plusieurs reprises — c'est que la famille de ce mauvais drôle se crut absolument dispensée de lui fournir des fonds pour le voyage et que tout son avoir, en quittant Strasbourg, se montait à *un* louis ! « Avarice scandaleuse et impudente conduite ! » s'écrie à ce propos le bon Zetzner, mais, vraiment, il faisait aussi trop « la bête du bon Dieu ! »

C'est le 16 juin 1718 qu'il partit en chaise de poste, à deux chevaux, conduit par le cocher Larosé, et le 24 il était à Lyon. M. Cholier, le prévôt des marchands, le reçut très poliment et lui répéta, nous dit-il, à plusieurs reprises que Rotmund méritait d'être pendu. Il convoqua de suite une assemblée des créanciers ; quand le failli comparut, en costume des plus élégants, brodé de dentelles, Zetzner l'apostropha avec une extrême véhémence comme le dernier des voleurs, lui reprochant le luxe de sa toilette et pendant toute une demi-heure l'agonisa de sottises, puis le prévôt, à son tour, lui dit devant plus de vingt notables : « Rotmund vous avez commis une action la plus téméraire, la plus odieuse, ayant violé un dépôt si considérable, dont vous méritez être pendu ! » [1]) Mais l'effet de toutes ces admonitions officielles fut à peu près nul ; tout ce que le banquier strasbourgeois put arracher à Rotmund, fut la promesse qu'il se contenterait de 11.000 livres de la créance Surmont, au lieu de 15.000 réclamées d'abord [2]). Il n'y avait donc plus rien à faire qu'à partir pour l'Espagne, afin d'y tenter l'encaissement des grosses sommes dues à la faillite. Dès maintenant Zetzner en avait assez au fond de son « ennuyeux compagnon » qui, de Strasbourg à Lyon, lui avait causé déjà maint embarras (*verdriesslichkeiten*), mais Walter tenait, lui aussi, à voir le beau soleil des Espagnes, et son placide cousin n'était pas de force à se dépétrer de son escorte.

Ils s'embarquèrent donc, le 7 juillet, sur « le coche d'eau », qui, traîné par deux chevaux, descend le Rhône,

---

1) Ces notes sont en français dans le texte.
2) « Copie de la convention passée le 4 juillet 1718 entre moy Zetzner et Tobie Rotmund à Lyon » (p. 508).

et le soir du 9 ils sont à Avignon, dont notre voyageur
admire le magnifique palais pontifical et les larges rues,
en même temps qu'il contemple avec étonnement les
chapeaux jaunes des Israélites de la localité et les
écharpes jaunes de leurs femmes. « Toutes les semaines
ils sont obligés d'assister à une prédication chrétienne
dans leur synagogue, et l'on examine auparavant, par
mesure de précaution, leurs oreilles, pour vérifier s'ils
ne les ont pas remplies de coton, comme cela est arrivé
déjà ». Il apprend aussi que l'Inquisition n'est pas tendre
aux hérétiques, dans les domaines du Saint-Père. Ayant
eu l'imprudence de demander un plat de viande à
l'aubergiste — c'était un samedi soir; — celui-ci le prit
à part et l'engagea à ne pas songer à chose pareille;
si quelqu'un l'entendait formuler cette requête et le
dénonçait, il pourrait se trouver dans une situation fort
désagréable; « ce qui, dit naïvement notre voyageur,
me fit passer toute envie de manger de la viande ».

D'Avignon, l'on repart en chaise de poste pour
Marseille, où les deux Alsaciens arrivent le 12 et se
logent au *Mouton couronné*, enseigne assez séditieuse
dans un pays de monarchie absolue. Le *Reiss-Journal*
contient une description détaillée de la ville et du port,
de ses galeries, de sa Bourse, etc., mais nous n'avons
pas le temps de nous y arrêter avec lui [1]. Ayant obtenu
le passeport sanitaire, indispensable alors pour quitter
le royaume [2], Zetzner s'abouche avec le capitaine Joseph
Roux, commandant la *Vierge Bon Voyage*, en partance
pour Barcelone, et reprend la mer, après tant d'années

[1) Citons au moins ce détail instructif pour les mœurs d'alors : « Ce
qu'il y a de plus gênant dans cette ville, c'est que les cabinets d'aisance
sont au grenier des maisons, qui ont cinq ou six étages ». Il aurait pu
ajouter qu'on n'y montait guère, la rue suffisant au gros de la population,
pour vaquer à ses besoins.

2) L'original (p. 516) est signé, le 14 juillet 1718, par Antoine
Rimbaud, Roch Grimaud, François Boissely et André Magalon, « échevins, protecteurs et défenseurs des privilèges, franchises et immunités
de la ville de Marseille, conseillers du Roy, lieutenants-généraux de
police ».

passées sur la terre ferme, le 17 juillet 1718. Le 21, au
lever du soleil, on se trouve en vue de la côte catalane,
près de Rosas, et le lendemain, jour de la Sainte-Marie-
Madeleine, le voyageur célèbre par des libations répé-
tées, avec le capitaine et le timonier, la fête de Madame
son épouse. Le 24, au soir, l'ancre est jetée devant le
port de Saint-Philippe, « où le roi d'Espagne fait bâtir
la majeure partie de ses vaisseaux par des ouvriers
français », et Zetzner y admire les premiers aloès en
fleurs, plantés en haies tout autour des jardins. Arrivé
à Barcelone, le 29, il se rend avec le capitaine auprès
du lieutenant du roi pour lui expliquer, autant que cela
semble nécessaire, le but de son voyage. Ce fonctionnaire le reçoit avec politesse, mais, Zetzner n'étant pas
militaire, se voit obligé de déposer son épée, un ordre
très sévère du vice-roi de Catalogne, le prince Pio,
interdisant le port d'armes aux civils, et défendant
même aux habitants de la province, naguère révoltés
contre le roi, d'avoir le moindre couteau à pointe
dans leurs maisons. On enferma l'épée « dans une
armoire, avec beaucoup d'autres, après y avoir attaché
une étiquette à mon nom. Le sieur Walter, qui d'ordinaire se fait passer pour un ancien officier au service
de France, quand il parle au populaire, n'osa pas se
produire ici de la sorte et, pour une fois, resta fidèle
à la vérité, déclarant qu'il était marchand de verroterie,
et laissa également son épée au poste de police ».
Cependant ils n'en restèrent pas longtemps privés ;
grâce à l'intervention du consul de France, M. Béat,
et de son chancelier, M. Montanil, sur lequel Zetzner
avait une traite de cent pistoles, on leur rendit leurs
armes, et, de plus, il leur fut délivré un passeport imprimé,
signé du vice-roi, qui permettait à don Juan Zetzner et
don Juan Felipe Walter, de nation française, de continuer leur voyage, par terre, sur Madrid [1].

1) Le passeport est annexé au *Journal*. Voici les titres de Don
Francisco Pio de Saboya, Moura, Corteral y Moncada : marqués de

Le capitaine Roux étant encore retenu par ses affaires
pour plusieurs jours à Barcelone, et notre voyageur ne
voulant pas perdre inutilement une quinzaine, il s'était
décidé en effet à ne pas continuer la route maritime,
qui l'aurait mené d'abord à Valence, mais à gagner la
capitale espagnole avec une voiture de louage *(retour-
chaise)* qui rentrait à vide. Il signa donc un accord
avec le « caletscheros » [1]), pour une somme de sept
louis d'or, mais qui ne devait couvrir que les frais de
transport, nos touristes ayant à se nourrir eux-mêmes,
pendant toute la durée du voyage. « C'était une carriole
à l'espagnole; les deux mulets étaient surchargés de
clochettes et portaient de grands plumets. Le cocher
et les mulets s'avançaient tous deux avec la même
gravité, toute espagnole, et, quand je me livrais à mes
réflexions *(speculationes)* à ce sujet, j'y trouvai plus de
plaisir et de distraction qu'avec mon maussade compagnon, qui était capable de rester assis dans ma chaise,
durant de longues heures, sans même ouvrir la bouche »
(p. 528).

Nous ne saurions suivre Zetzner d'étape en étape;
il les note toutes, villes célèbres et villages obscurs,
avec un soin scrupuleux. Le 3 août, il est à Lérida,
sur la frontière de la Catalogne et de l'Aragon; le 5,
au soir, il arrive à Villafranca, « petite ville proprette,
où la population féminine semble disposée à être aimable
et respectueuse pour les étrangers »; le 6 la carriole
arrive à Saragosse. Notre voyageur y admire les palais
de la ville, les églises et surtout celle de Notre-Dame
del Pilar; « les Espagnols y vénèrent, plus que tous
les saints, une image de la sainte Vierge qui doit avoir
été apportée du ciel par un ange, du temps de l'apôtre

Castel Rodrigo; conde de Lumiares; duque de Nochera; principe de
San-Gregorio; capitan general y governador perpetuo de las islas Ter-
ceras; commendador major de la Orden de Christo; Grande de España;
Cavallero del insigne orden del Toyson de Oro; baron romano; nobile
veneto; del Consejo de Su Magestad, etc.

1) C'est ainsi que Zetzner écrit le mot.

saint Jacques; ils le font à cause des miracles merveilleux
que cette image doit avoir accomplis ». Mais il se plaint
aussi des ennuis de ce séjour; ce qui lui parut surtout
« singulier et peu commode », c'est qu'à son arrivée à
l'auberge, il n'y put rien obtenir qu'un lit et sa place
au feu, pour y faire cuire ses repas. « Quand je désirais
boire et manger, il me fallait aller chercher moi-même
le pain, la viande, les œufs, le beurre, le sel, le poivre,
le vin, etc., vu que cela semblait trop fatigant à mon
acolyte; je dois dire, à son sujet — pour rendre hom-
mage à la vérité — qu'il ne me prêta jamais la moindre
aide, alors cependant qu'il aurait été de son devoir
d'en agir tout autrement, vu que je déboursais tout
pour lui ». La chaleur devint alors si intense qu'il fallut
s'arrêter dorénavant chaque jour de dix heures du
matin à quatre heures du soir, afin de n'y pas succom-
ber. Lorsqu'on touchait la voiture, dit Zetzner, on
risquait de s'y brûler. — Ils s'ennuyaient ainsi, dans la
journée du 10, dans le petit village de Meinard[1]), quand
ils virent arriver un gentilhomme de Cadix, don Bernardo Francisco de Medinicha, qui, venant de Madrid
et se rendant en Sicile, voyageait en sens contraire,
accompagné d'un valet de chambre et de trois laquais,
tous à cheval et bien armés. Il parlait le français et
l'italien, et « dès qu'il me regarda et commença à parler
avec moi, je constatai qu'il me témoignait de l'affection ».
Mais ce qu'il raconte à notre Strasbourgeois n'est pas
fait précisément pour le mettre en liesse. A deux lieues
de là, il avait rencontré six brigands; heureusement
qu'à la vue de leurs armes ils n'avaient osé l'attaquer.
Il engagea donc Zetzner à ne pas quitter sans escorte
la localité présente, ni l'étape voisine, Da Rocca, distante
de quatre lieues. « Pendant cette conversation qui dura

---

1) Ce nom de localité n'a pas précisément une physonomie espa-
nole, mais Zetzner l'écrit ainsi à deux reprises, et je n'ai pas sous la
main de carte d'Espagne assez détaillée pour rectifier son orthographe,
s'il y a lieu.

plus d'une heure et demie, il me vint toutes sortes de
bonnes idées, mais aussi des soupçons, sur le compte
de ce cavalier étranger. Mon marchand de verroterie
ne soufflait mot, étalé par terre sur un matelas, les
quatre fers en l'air (*alle viere von sich streckend*) ».
N'ayant aucun conseiller plus compétent sous la main,
Everard appelle son voiturier et lui fait part de ses
appréhensions pour un avenir prochain; elles ne dimi-
nuent guère quand le muletier lui confie à son tour
que les renseignements doivent être exacts; qu'à Saragosse déjà deux inconnus s'étaient enquis de lui et de
son itinéraire; qu'il avait revu depuis ces mêmes individus à Lungarès; que ce matin même un paysan
l'avait amicalement averti de faire bien attention à son
entourage. « J'avais, en effet, ajoute ici Zetzner, remar-
qué que mon cocher causait avec un laboureur et lui
donnait quelque argent, mais je n'y avais attaché aucune
importance ». Ce rapport confidentiel ne lui inspira pas
d'ailleurs une confiance plus grande en son voiturier,
qui, malheureusement pour lui, avait une physionomie
passablement canaille (*desperat*). Don Medinicha, lui
aussi, le toisait d'un œil soupçonneux; puis, tout en
causant avec notre voyageur, il se dirigea vers son carosse
et y prit une paire d'excellents pistolets de poche qu'il
le pria d'accepter. Naturellement notre héros fit d'abord
quelques façons pour accepter ce cadeau; mais le
gentilhomme ayant déclaré, en véritable hidalgo castillan,
que si Zetzner ne les prenait pas, il se verrait obligé
de les briser par terre, force lui fut bien de se rendre,
en prodiguant à son tour les paroles les mieux senties.
Mais, ô perversité naturelle des pensers humains! L'amabilité même de l'Espagnol éveilla de nouveaux soupçons
dans l'âme, bien confiante pourtant, du Strasbourgeois.
Il lui parut tout à coup suspect, à cause de ses avances;
quel intérêt cet inconnu pouvait-il avoir à se montrer
si obligeant à son égard? Que faire en cet embarras,
en ce pays étranger, où le seul auquel il aurait pu
demander conseil, son « morose marchand de verres »,

ne lui était d'aucun secours ? Finalement la confiance reprit pourtant le dessus ; il se décida à suivre les conseils de don Bernardo, et la suite prouva bien que cet « ami inconnu » l'avait paternellement et loyalement conseillé. Ce « noble *hombre* » prit la peine de lui recruter une escorte de six villageois, armés de fusils, mais si dépenaillés eux-mêmes que leurs « figures espagnoles » semblaient bien peu rassurantes à celui qu'ils devaient protéger. Comme il n'y pouvait rien changer, il se résigna au départ, après avoir pris congé de son excellent interlocuteur, le vieux don Bernardo, qui, du haut de sa monture, le serrait une dernière fois dans ses bras. Deux des paysans marchaient en avant, à une demi-portée de fusil, et deux autres de chaque côté de la voiture, leurs armes sur l'épaule. A deux lieues de là, on trouva en effet un campement où les brigands avaient donné l'avoine à leurs chevaux, mais on arriva sain et sauf, ce soir, à Da Rocca, et chaque membre de l'escorte vint toucher le salaire convenu, soit une demi-piastre. Le lendemain matin, Zetzner se rendit auprès du gouverneur du lieu ; il trouva ce dignitaire au lit, souffrant d'un violent accès de goutte. Près de lui se trouvait un vieil officier, M. d'Albada, lieutenant-colonel du régiment de Malte (cavalerie), qui tenait garnison dans cette ville. Notre voyageur le pria de vouloir bien lui fournir une nouvelle escorte, et, après avoir pris connaissance de son passeport, cet officier supérieur lui accorda volontiers un brigadier et quatre hommes, et vint même lui annoncer en personne que le lendemain matin à trois heures ils l'attendraient devant son auberge. Zetzner, tout joyeux, pria M. d'Albada de lui faire l'honneur de souper avec lui, et, au cours de la conversation, il apprit que le colonel avait été jadis en garnison à Strasbourg, qu'il connaissait bien le commandant de la place, M. de La Bastie, et — ce qui ne saurait étonner de la part d'un militaire au service de France — il lui parla avec reconnaissance et plaisir de la ville et de ses habitants. Il s'informa même si l'on s'amusait encore aussi gaiement *(so mut-willig und frey)* à Schiltigheim que de son temps[1]).

Le 9 août, à trois heures, un cornette et quatre dragons se trouvèrent en effet à la porte de l'hôtellerie, ce qui remplit d'un « calme délicieux » l'âme encore quelque peu anxieuse de notre commerçant. Aussi fit-il tout d'abord servir un déjeuner copieux à son escorte, pour la mettre en bonne humeur, puis la caravane s'ébranla, deux cavaliers marchant devant la voiture et trois derrière; en route ils trouvèrent les traces d'un nouveau campement, où les brigands, qui décidément étaient tenaces, avaient passé la nuit. Quand ils arrivèrent à Fortuera, sur la frontière de la Nouvelle-Castille, un vieillard octogénaire vint dire à l'un des cavaliers qu'il ne fallait pas encore licencier l'escorte, les mal-faiteurs étant toujours dans le voisinage. Ce dragon, qui parlait le français avec facilité[2], alla répéter le propos à Zetzner; celui-ci n'eut pas à faire de grands frais d'éloquence pour engager les braves troupiers, « avec lesquels il prenait tous ses repas »[3], à l'accom-pagner encore à l'étape prochaine. Le lendemain, dans le voisinage d'Alcolea, il y eut en effet un moment d'alerte; on aperçut un homme, armé d'un fusil, qui se cachait dans la forêt. Aussitôt les cavaliers, qui le prennent pour un des voleurs, se mettent en chasse, l'atteignent, le bourrent de coups de plat de sabre, le lient avec des cordes, et, comme il refuse de s'expliquer, le cornette lui applique quelques coups de canne supplé-mentaires sur le dos. Alors il se décide à parler, annonce qu'il est chasseur, nomme son village natal et déclare même à deux des cavaliers qu'ils avaient été en quar-tiers d'hiver dans cette localité. Ceux-ci le reconnurent

---

1) C'est à Schiltigheim que la garnison et les classes populaires allaient s'égayer de préférence — assez bruyamment parfois — leur dimanches et jours de fête.

2) *Konnte parfait frantzœsisch reden*, ayant été vingt ans auparavant en garnison à Sélestat.

3) C'est-à-dire, sans doute, qu'ils partageaient le sien.

plus ou moins *(halb und halb)*, et, après une assez longue
discussion, il obtient la clef des champs, sans avoir
d'ailleurs absolument convaincu nos voyageurs de son
innocence. « Ah! si j'avais pu renvoyer ainsi mon
marchand de verroterie, s'écrie à ce sujet notre voyageur, je lui aurais volontiers donné encore un viatique !
Pendant toute cette algarade il était resté assis dans
son coin, sans dire un mot ni faire un mouvement ;
pour n'avoir pas à être trop honteux de lui, je fus obligé
de raconter à mon escorte que c'était un malheureux
atteint de mélancolie ».

Ce n'est que le 12 août, dans l'après-midi, qu'on
acquit la certitude que la bande de voleurs s'était
écartée de la grande route pour rentrer dans les montagnes. Alors Zetzner, un peu rassuré désormais, renvoya
les dragons avec une lettre d'excuses pour M. d'Albada,
et une gratification sonnante de quelques louis, outre
qu'il avait largement fourni la nourriture des hommes
et des chevaux ; aussi peut-on admettre qu'ils l'auraient
volontiers suivi encore plus loin. Dès ce moment le
voyage se poursuit sans incidents notables ni grandes
émotions.

Le 13 nous sommes à Guadalaxara, sur le Hénarés
(où l'on fait admirer aux passants le palais du duc de
l'Infantado, et, dans ce palais, le lit occupé par Philippe V
le soir de ses noces avec Elisabeth Farnèse), et, le lendemain, Zetzner débarque enfin, « Dieu merci! dans la
résidence royale de Madrid ». Il en avait plus qu'assez
de l'Espagne, à ce moment, et résume, en paroles
amères, les ennuis de cette course solitaire, ou quasi-
solitaire, à travers les montagnes et les plaines du haut
plateau central. « Quand, après avoir souffert d'une
chaleur torride, j'arrivais dans une localité, j'étais obligé
de circuler d'abord pour acheter tout ce qu'il fallait
pour sustenter notre existence, car mon compagnon de
route ne m'était d'aucun secours ; la première fois que
je lui demandais de quérir quelque chose, il me répon-
dit par d'impertinentes paroles. Dès que nous arrivions

à l'auberge, il s'étendait immédiatement par terre et restait couché jusqu'à ce que le repas fût cuit. Quand les plats étaient prêts, ils faisaient leur apparition sur la table d'une façon d'ordinaire si peu ragoûtante que je n'aurais pu en manger si la faim ne m'y avait forcé; de plus tout était trois fois plus cher qu'en France. Presque toujours nous devions cheminer six à sept heures, voir même neuf, avant de rencontrer un endroit où nous puissions avoir un simple verre d'eau, et je ne puis assez remercier Dieu de ce qu'il m'avait conservé en bonne santé, par cette chaleur presque insupportable, réduit à cette cuisine étrangère et à ces vins si capiteux » (p. 545).

Notre compatriote décrit ensuite assez longuement la capitale espagnole, ses grandes rues vides et malpropres, ses places inondées de soleil, et les mœurs de ses habitants. Cette malpropreté n'a pas lieu de nous étonner, puisque le voyageur affirme avoir vu mainte fois, non pas seulement des enfants et des jeunes gens, mais des vieillards *(alte mænner)* mettre bas leurs culottes en plein jour et s'accroupir sans gêne le long des maisons. « Ceux qui veulent témoigner de quelque pudeur, se font un paravent de leurs manteaux ». A la cour, tout le monde à peu près est habillé à la française; Zetzner y a vu le prince des Asturies[1]) et les trois autres enfants, don Philippe, don Ferdinand et don Carlos. « Les Castillans sont très attachés au premier de ces princes, qui est dans sa onzième année; ils sont prêts à donner leur vie pour le roi, mais ils donneraient cent vies, s'ils les avaient, pour le prince qui est un garçon fort aimable, plein d'entrain et très intelligent pour son âge ; il monte très bien à cheval ».

Zetzner avait élu domicile dans une maison bourgeoise, où il payait pour son logement et pour ses deux repas quotidiens huit réaux d'Espagne, ce qui

---

1) Le futur roi Louis Ier, qui régna quelques mois après l'abdication momentanée de Philippe V et mourut fort jeune.

équivalait à sept livres d'Alsace. «Le premier étage de toute maison de bourgeois appartient, nous dit-il, au roi qui peut le louer à qui bon lui semble, à moins que le propriétaire ne se soit arrangé, une fois pour toutes, avec le fisc royal, ce qui est ordinairement le cas. Les maisons sont bâties de façon à ce qu'on puisse y habiter des pièces différentes pour l'hiver, le printemps et l'été. Le bois de chauffage est vendu à la livre et coûte très cher; les chambres n'ont ni cheminées ni poêles et quand il fait froid on se chauffe avec des charbons placés dans un vase en cuivre. Quand les Espagnols échangent entre eux de bons souhaits, ils se souhaitent en premier lieu d'être en paradis, puis d'habiter Madrid. Ils absorbent beaucoup de boissons mélangées et glacées; mais celui dont l'estomac ne supporte pas un pareil régime, y peut attraper facilement la colique; pour moi, par ces chaleurs extrêmes, elles m'ont parfois fait claquer des dents, mais elles m'ont toujours singulièrement rafraîchi l'estomac et le corps tout entier».

Dès le 15 août, notre voyageur se rendit au palais de l'Amirante de Castille, où résidait l'ambassadeur extraordinaire de France, M. le duc de Saint-Aignan, pour lui remettre les lettres de recommandation du prince palatin de Birkenfeld et du duc d'Antin. Il y fut bien accueilli et eut l'honneur d'être reçu deux fois dans le cabinet du grand seigneur diplomate qui voulut bien lui promettre son concours dans la mesure de ses forces et, avant tout, une lettre à M. Partiset, le consul de France à Cadix, pour le prier de l'appuyer dans ses négociations avec M. de Surmont. La Cour résidant pour lors à l'Escurial, Zetzner quitta Madrid le 23 août, pour s'y rendre en solliciteur. On l'avait averti que lorsqu'on désirait présenter soit un placet, soit une requête verbale à un ministre du roi ou à un grand d'Espagne, il fallait se servir « d'un *agent*, comme on les appelle, qui formule la demande d'après leurs habitudes espagnoles ». Un négociant de La Rochelle, M. Jacques Belin, dont il avait fait la connaissance à

Madrid, lui recommanda comme intermédiaire un nommé don Ciprian George Runckels, mais comme il tardait à se présenter, le brave Strasbourgeois se mit en route tout seul, se disant qu'après tout, la lettre du prince de Birkenfeld au cardinal Alberoni remplacerait avantageusement la requête traditionnelle. Il arrivait le 24, à huit heures du matin, dans les environs de la fameuse résidence royale et fut jusque vers midi à la recherche d'une auberge pour s'y loger. Pendant tout ce temps le « marchand de verre » se prélassait commodément en pleine rue, dans la chaise de poste, « ce qui me fut assez agréable, à un certain point de vue, car je devais craindre qu'à cause de ses habits débraillés *(confiscierte Kleidung)* et de sa mauvaise mine, il n'éveillât des inquiétudes, les Espagnols étant fort soupçonneux et difficiles en ce qui concerne les étrangers ». Ce ne fut donc que le 25 août, de fort bonne heure, que notre commerçant se présenta dans l'antichambre de Son Eminence, Mgr. le cardinal Alberoni. Il y rencontre un P. Jésuite auprès duquel il s'informe à qui l'on doit s'adresser pour obtenir une audience, et lui raconte en même temps qu'il est porteur d'une missive pour le premier ministre. « Il me demanda qui l'avait écrite, mais je refusai de le renseigner là-dessus; il finit par me dire que je devais revenir dans une heure, qu'on ne pouvait m'introduire de si grand matin. Une demi-heure plus tard je rencontrai un valet de chambre du cardinal, Italien d'origine, qui parlait un peu le français, et je lui adressai la même requête. Il me demanda, lui aussi, de lui confier cette lettre, ce que je refusai de faire au début; mais, après avoir causé plus longuement avec lui, je le priai de vouloir bien la remettre à Son Eminence, et, après m'avoir conduit dans une salle d'attente, il s'en alla. Je restai là durant une bonne demi-heure et commençais à m'inquiéter du sort de ma missive, quand je vis apparaître un jeune page du cardinal, qui me demanda si c'était moi qui avais apporté la lettre en question. Je lui répondis que oui, du mieux

qu'il me fut possible, et il me mena alors vers ce prélat.
Lorsque je parus devant lui, il m'adressa les paroles
suivantes : « Monsieur, vous m'avez apporté une lettre
d'un grand prince et qui est fort aimable. Si je puis
lui rendre service je ne manquerai pas de le faire ».
Après m'avoir entretenu environ un quart d'heure de
mes affaires et m'avoir même demandé ce qu'il y avait
de neuf à Strasbourg, il fit appeler son premier secrétaire, lui remit la lettre du prince et lui dit d'écrire à
l'intendant de Cadix, M. de Varas, que l'ordre et l'in-
tention de Sa Majesté étaient qu'il rendit tous les services possibles au négociant strasbourgeois Zetzner, dans
son procès contre de Surmont, à Cadix ».

Là-dessus Alberoni congédie son visiteur en lui
disant de se présenter, le soir même, chez le secrétaire,
afin d'y prendre livraison de ce document, si important
pour lui, et lui souhaite bon voyage. On pense bien
que son interlocuteur se répandit en remercîments dévo-
tieux et en assurances d'une reconnaissance éternelle.
Comme la lettre à M. de Varas, remise à Zetzner, était
en effet rédigée en termes fort pressants [1], le brave
Strasbourgeois consigne naturellement dans son *Journal*
l'opinion, sincère en ce moment, que le cardinal Alberoni est un homme d'Etat de capacités extraordinaires,
ce qui ne fut pas l'impression générale des contemporains et moins encore — comme on sait — le juge-
ment de la postérité.

Ayant dorénavant « le cœur et l'esprit singulièrement
soulagés et réjouis », Zetzner put se livrer tout à l'aise
à l'inspection du fameux palais édifié jadis par ordre
de Philippe II, à frais énormes dans un site à peu près
désert. Il en décrit les curiosités artistiques, et surtout
la bibliothèque, dont il admire les 80.000 volumes et,
de confiance sans doute, les nombreux manuscrits arabes.
« Elle est ouverte toute la journée et chacun peut y

---

1) Zetzner put en prendre connaissance, car elle lui fut remise sous
cachet volant (*unter sigillo aperto*).

pénétrer, mais il y a toujours deux moines qui sont chargés de la surveillance… Il ne manque à ce palais qu'une chose, c'est qu'il n'y a pas un Paris tout à côté ». Notre voyageur qui avait déjà admiré jadis Louis XIV dinant en public à Versailles, put voir également ici le roi d'Espagne et la reine son épouse, « très aimée du roi, bonne écuyère, chasseresse passionnée, bonne tireuse ». Il vit également à la promenade les petits princes et la petite infante Marie-Anne-Victoire, dans les bras de sa nourrice. La plupart des courtisans baisaient la main des infants, en mettant un genou en terre, et un Père Jésuite, qui parlait le français, lui expliqua que c'était aujourd'hui la Saint-Louis, que le prince des Asturies s'appelait Louis et que, par conséquent, toute personne décemment habillée pouvait, ce jour-là, lui baiser la main; « ayant appris cela (trop tard), je fus fort peiné d'avoir manqué cette occasion ». Par contre le carosse royal lui parut bien modeste; il trouva « qu'il ressemblait beaucoup aux berlines de famille, en usage à Strasbourg ».

Le 28 août, au matin, Zetzner rentrait à Madrid; il écrivait aux siens pour les tenir au courant de ses aventures [1]), puis, le même jour, il repartait en chaise de poste pour Cadix, sous la guidance d'un cocher bizarrement accoutré (*recht carnavalisch gekleidet*), et traînant toujours à sa suite son inutile et maussade compatriote. Arrivés le lendemain à Porto de Lepio, nos voyageurs y apprirent que les routes étaient peu sûres. Ils attendirent donc d'autres compagnons de route et ne se mirent en marche, le 30, à midi, qu'après avoir constitué une espèce de caravane d'une vingtaine de personnes, qui, augmentant toujours, comptait douze heures plus tard huit voitures et trente-deux personnes.

---

1) D'après son *Journal* il ne semble pas avoir écrit fréquemment aux siens durant ce long voyage; peut-être ne se donnait-il pas la peine de noter ces épanchements de famille qu'il serait curieux de confronter avec son récit postérieur.

A un quart de lieue de distance on entendait le bruit des conversations, les cris des *arrieros*, les sonnettes des vingt-huit mules; la chaleur était épouvantable, si bien qu'après « une demi-heure de marche notre voiture était semblable à l'intérieur d'un four surchauffé ». La raison de cette insécurité générale des routes, à ce moment, est assez originale; les gros galions d'Amérique, la « flotte d'argent », venaient d'arriver à Cadix; une foule de gens allaient y toucher leurs revenus ou réclamer le payement de créances arriérées, et Messieurs les brigands les guettaient tranquillement pour les dépouiller au retour.

Le 1er septembre, le convoi pénètre dans les régions sauvages de la Sierra Morena; pas plus que ses contemporains notre Strasbourgeois ne semble avoir eu le sens des beautés pittoresques de la nature; « on n'y voit rien que des rochers, dit-il, des vallées, des forêts qui sont assurément très étonnantes à voir », et c'est tout !

Après avoir passé le 3 au soir par la petite ville, sur la frontière andalouse, que le *Journal* appelle *Waylen*, mais qui est certainement Baylen, de triste mémoire, nous voici, le 5, à Cordoue, après avoir traversé une belle plaine couverte d'orangers et de citronniers « si gros qu'un homme peut à peine les entourer de ses bras et aussi chargés de fruits que chez nous les noyers de noix ». Parfois ils traversent aussi de vraies forêts, longues de plusieurs lieues, où l'on ne voit qu'oliviers et figuiers « qui réjouissent les yeux et répandent un agréable parfum ». L'enchantement du voyageur continue jusqu'à Séville, où il admire des raisins qui pèsent jusqu'à sept livres pièce et qui ont des grains de la grosseur d'une noix. Les jardins sont entourés partout de haies vives d'aloès, recouverts de milliers de fleurs, et ses yeux se récréent à ce spectacle, remarquable « au-delà de toute expression » (p. 572).

Mais ces moments de ravissement sont, en définitive, bien rares; on souffre trop de la chaleur terrible,

« sans trouver presque nulle part un verre d'eau ni un peu d'ombre. Quand on m'apportait un plat pour mon repas, il était en général si peu appétissant que j'avais toute la peine du monde à l'avaler. Les servantes qui préparent les mets sont des Morisques et souvent je les ai vu, les manches retroussées, triturer avec leurs seules mains, les ragoûts placés sur l'âtre. Le vin m'était servi dans des espèces de plats à barbe en pierre, où je puisais avec ma cuiller de voyage ; il était excellent, mais si fort qu'il m'était impossible d'en boire assez pour étancher ma soif. Ces Morisques, esclaves employés comme domestiques, sont fort nombreux ici ; les mâles, encore jeunes, se vendent cent-cinquante piastres ; les filles, si elles n'ont pas encore eu d'enfants et si elles ont la peau lisse et sont bien bâties, valent une centaine de piastres. Généralement ils servent dix à douze ans, après quoi ils sont libérés. Si une Mauresse, étant enceinte, paie une somme de dix piastres avant ses couches, l'enfant naît libre... A Cadix, il y a bien un quart des habitants qui sont Morisques et parmi eux beaucoup qui ont fini leur temps d'esclavage, sont devenus chrétiens et s'occupent de commerce... Peu à peu je me suis habitué à ces noirauds, au point de manger les mets préparés par eux, tout comme les Espagnols. Comme un serviteur blanc a droit à trois cents florins de gages annuels (argent d'Alsace) et une servante blanche à deux cents florins, on comprend qu'on préfère louer des Morisques, d'autant que, malgré leurs 6-8 piastres de gages mensuels, les serviteurs libres ne font pas grand'chose ».

Arrivé à Xérés, le 10 septembre, Zetzner avait touché Port-Sainte-Marie le 11, à midi, et, quelques heures plus tard, il pénétrait en barque dans le port même de Cadix, où la défense de ses intérêts matériels allait le retenir de longues semaines et l'exercer à la patience. Il avait commencé par se loger à la *Couronne*, auberge d'importance secondaire, mais qu'il trouva encore trop coûteuse pour sa bourse ; il s'adressa donc à un perruquier, natif de Bordeaux, M. La Porte, pour qu'il lui procurât, si possible, un logis chez un bourgeois. « Quoique cet honnête homme ne m'eût jamais vu auparavant, il consentit à m'accompagner sur-le-champ chez un sien ami, M. Pierre Maubert, avec lequel je m'entendis sans peine. Pour la location d'une chambre à deux lits et un repas quotidien, il demandait dix réaux, soit neuf livres par jour. Mais j'étais très agréablement logé, car ma chambre donnait du côté de la porte de Séville et, de ma fenêtre, j'apercevais la pleine mer ».

C'est le 14 septembre que Zetzner se présente à l'audience de l'intendant, M. de Varas, pour lui remettre la lettre du cardinal Alberoni. Ce haut fonctionnaire le reçut avec courtoisie, et, après avoir vu le document ministériel, « considéra le porteur avec intérêt » et lui promit son appui, tout en ajoutant qu'il lui était impossible de s'occuper immédiatement de son affaire et qu'il le priait de repasser dans quelques jours, étant surchargé de besogne en ce moment, et de rapports urgents à expédier en cour. « Il y avait dans les antichambres plus de cinquante personnes demandant à être reçues et l'on voyait qu'il était fort agité ». En effet, le moment était aussi mal choisi que possible pour intéresser ce personnage officiel aux modestes entreprises d'un négociant étranger. M. de Varas venait de recevoir la fâcheuse nouvelle d'une défaite de la flotte espagnole à la hauteur d'Avola, sur les côtes de la Sicile, à douze milles de Syracuse ; les Anglais avaient détruit neuf vaisseaux de Sa Majesté Catholique et en avaient pris cinq autres. Aussitôt on avait mis l'embargo sur cinq navires de commerce britanniques qui se trouvaient dans la baie de Cadix. Deux des capitaines essayèrent bien de se sauver, mais ils furent poursuivis et capturés, spectacle émouvant que Zetzner put suivre de sa fenêtre. En même temps, tous les Anglais, même ceux établis de longue date dans la ville, étaient internés dans leurs maisons sous la garde de cinq à six soldats et leurs marchandises saisies, ce qui occasionna naturellement une grande rumeur dans la cité.

Une seconde visite de notre voyageur fut pour M. Partiset, consul de France, auquel il remit la lettre de recommandation du duc de Saint-Aignan. Il fut également bien reçu, et ce compatriote lui promit tous ses bons offices. Ils causèrent ensemble de l'état des affaires de M. de Surmont, et le consul émit l'opinion, plutôt consolante, que ce négociant n'était pas responsable, à vrai dire, de sa situation fâcheuse, mais que le désastre éprouvé par la flotille des Bahama en était la cause véritable. En le quittant Zetzner se rendit chez l'un des principaux commerçants français de la ville, M. Masson, auquel il était recommandé par M. Borne, l'un des échevins de Lyon. Il fit de ce confrère le dépositaire officiel de toutes les pièces de procédure nécessitées par ses réclamations contre Surmont; d'ailleurs, il y avait des années qu'il était également le fondé de pouvoir des syndics de la faillite Rotmund, mais jamais encore il n'avait entrepris aucune démarche à ce sujet. En remettant à Masson les lettres de change de Rotmund, tirées sur Surmont pour un total de 21.815 piastres, et acceptées jadis par le négociant de Cadix, il faisait de lui, pour ainsi dire, la cheville ouvrière de toute sa tentative de sauvetage, et l'on peut se figurer la déception qu'il éprouva quand il apprit de la bouche d'un homme qui devait être bien informé que Surmont payerait tout au plus 8 % des sommes dues par lui. «O malheureuse nouvelle! s'écrie Zetzner dans son *Journal*, aurais-je fait inutilement un voyage aussi long, aussi dangereux, aussi pénible?» Aussi s'efforça-t-il de faire comprendre à M. Masson que, pour sa part, il n'acquiescerait jamais à un «arrangement si peu chrétien» *(ein so gottloses accomodement)*.

Après avoir hasardé deux tentatives infructueuses pour pénétrer jusqu'à l'intendant, il put enfin obtenir audience pour le 20 septembre et se rendit chez lui en compagnie de M. Masson. M. de Varas se fit expliquer par ce dernier le litige en espagnol (il paraît qu'il ne savait pas un mot de français), et l'ayant attentivement écouté jusqu'au bout, il daigna déclarer que les réclamations de Zetzner lui paraissaient absolument légitimes et qu'il parlerait à l'alcade pour qu'on procédât à l'arrestation de Surmont. Il chargea aussi M. Masson d'inviter l'avocat et notaire, don Francisco Gamonales, à venir lui parler le lendemain, pour s'instruire plus à fond de cette affaire. Tout semblait donc bien en train et Zetzner se croyait à la veille d'un succès complet, quand les choses se gâtèrent de nouveau. Lorsqu'ils allèrent rendre visite au notaire en question, cet homme de loi déclara aux deux négociants français que l'arrestation de Surmont ne lui semblait guère possible, vu qu'on avait promulgué, six mois auparant, un arrêté royal, qui renvoyait toutes les contestations entre Français par devant un magistrat spécial, le « Conservateur des privilèges de la nation française », siégeant à Séville. Bientôt ce fait leur fut confirmé d'autre part : l'intendant, ayant fait appeler Zetzner et Masson, le 22 septembre, leur annonce qu'il n'est pas en son pouvoir d'enfreindre une ordonnance de Sa Majesté, et de faire mettre en prison leur débiteur, d'autant que la faillite Surmont est déjà pendante à Séville et que, de plus, ce dernier a cédé toutes ses propriétés à ses créanciers en cette ville. On juge de la colère et de l'effarement de notre Strasbourgeois, auquel le prévôt des marchands de Lyon avait affirmé, quelques semaines auparavant, qu'il ne perdrait rien ou presque rien à cette créance; dire que sur les 118.000 livres (c'est à cette somme qu'il évaluait maintenant, d'après le cours du jour, les 21.815 piastres) il ne toucherait peut-être pas 8000 livres, si la faillite payait 8 %!

Par surcroît de malheur, il apprit que l'alcalde de Cadix était un « bon ami » de Surmont, et cela lui donne occasion de faire une sortie violente contre les juges espagnols. « Ces gens-là prennent, sans aucune pudeur, des cadeaux des différentes parties en litige et essaient de s'enrichir pendant les trois années que dure leur magistrature, autant qu'il leur est possible ». Le consul de France, auquel le pauvre homme alla faire ses doléances, ne put que lui répéter ce que l'intendant et le notaire Gamonales lui avaient déjà dit, et il lui laissa discrètement entendre qu'il ne pourrait guère lui être utile, puisqu'il était impossible de procéder contre un Français en faillite, sans un ordre exprès venu de Séville. Zetzner se demande alors s'il doit entamer un procès contre les autres créanciers de Surmont dans cette dernière ville. Mais cela lui coûterait beaucoup d'argent, et bien du temps se passerait avant que le procès puisse seulement être plaidé et, en fin de compte, comme son débiteur avait cédé tous ses biens à ses autres créanciers, rien n'était moins assuré que l'obtention d'un décret de prise de corps, prononcé par le juge de Séville en question.

A ce souci poignant (tout son avenir commercial était définitivement compromis!) venaient s'ajouter encore de petits ennuis. Le jour même de cette dernière audience, le fameux « vitrier », son « morose » compagnon de voyage, se brouillait définitivement avec lui. Il avait refusé de lui donner de l'argent pour jouer aux cartes ou aux dés et cela avait provoqué chez Walter un accès de fureur; il se répandit en menaces odieuses contre le bonace patron, et en jurons contre sa propre mère et sa sœur, qui l'avaient « obligé » à ce voyage. Il fit enlever sa malle du logis commun et ayant vendu sa montre, gagnée autrefois au jeu, à Genève, puis quelques-uns de ses habits, « il se livra, avec cet argent, à sa profession ordinaire et légitime de joueur. Ne voulant pas que l'on pût croire que je fus jamais l'associé d'un joueur professionnel, je ne lui permis plus de partager mes repas et ne m'occupai plus de lui, après avoir subi mille chagrins et ennuis de la part de cet individu ».

Zetzner avait d'ailleurs des soucis plus pressants que de réfléchir aux conséquences des frasques de ce triste personnage; il hésitait toujours sur la marche à suivre pour arriver à un résultat pratique. Il avait bien adressé une supplique au cardinal Alberoni pour obtenir la permission de faire incarcérer Surmont, mais il savait qu'il ne pourrait recevoir de réponse de Madrid avant trois semaines. Jusqu'ici il n'avait jamais vu son débiteur; le 30 septembre, se promenant par les rues avec un M. Duval, il entend prononcer près de lui le nom de Surmont, se retourne pour le contempler, avec une curiosité légitime, le voit entrer dans un café avec un ami et y pénètre à son tour. Surmont allume sa pipe; s'asseyant à une table voisine, Zetzner en demande une autre et se met à le contempler avec les sentiments spéciaux que doit éprouver pour son semblable un homme qui se voit exposé à perdre, par la faute de ce dernier, une créance de 118.000 livres. Quand l'autre rentre chez lui, sans se douter qui le guette, notre homme le suit, pour voir où il demeure, et toute la nuit il débat en lui-même, s'il attendra la réponse ministérielle, ou s'il abordera hardiment Surmont, pour le tâter en personne et pour voir s'il n'y aurait pas moyen de s'entendre à l'amiable avec lui.

On peut en croire Zetzner sur parole, quand il raconte qu'entrant chez son débiteur, dans la matinée du 1er octobre, et s'étant fait connaître, ce dernier pâlit et balbutia quelques paroles vagues, puis finit par déclarer qu'il n'avait plus la libre disposition de sa fortune, l'ayant cédé en bloc à ses créanciers. Cela n'empêche pas le Strasbourgeois de le menacer de « mesures énergiques » s'il ne consent pas à lui faire des propositions plus acceptables que celles annoncées par M. Masson; mais deux heures de discussions serrées ne produisent guère de résultat, car tout ce que Surmont promet, c'est de « faire pour le mieux » — ce qui ne l'engageait guère — et d'accorder un nouveau rendez-vous chez M. Guillaume Macé, syndic de sa faillite. Mais cette

entrevue ne lui apporte aucune consolation, car le sieur
Macé, après avoir longtemps causé en espagnol avec
Surmont, se borne à promettre à notre ami, qui assistait
à l'entretien, sans y comprendre grand'chose, une con-
férence analogue pour le 8 octobre prochain; d'ici là
il examinerait de près la situation du failli et verrait
ce qu'il y avait à en tirer. Cette annonce ayant été
faite « avec une gravité toute espagnole », il congédia
Zetzner, le laissant assez dépité; les jours suivants,
l'intendant, le consul de France, M. Masson lui répé-
tèrent à l'envi qu'il vaudrait infiniment mieux s'entendre
avec Surmont que de le pousser à bout, le procès ne
pouvant d'ailleurs être plaidé qu'à Séville.

Une consolation du moins lui était réservée en ces
jours d'épreuve. Le compagnon de route qui l'avait
tourmenté pendant de longues semaines, qui lui avait
coûté des sommes considérables (lesssive et barbier
compris), après s'être séparé brusquement de lui comme
je l'ai déjà dit, s'embarquait, le 4 octobre, pour Marseille,
sans même prendre congé de son trop débonnaire
pa'ent et patron. Ce fut un profond soulagement pour
le pieux commerçant de ne plus entendre résonner à
ses oreilles ses blasphèmes incessants, qui devaient
attirer tôt ou tard sur celui qui les proférait — et sur
ses amis — l'indiscrète sollicitude de l'Inquisition. Celle-ci
« l'aurait privé sans doute à jamais de l'avantage de
revoir la lumière du jour ». Et, en effet, il s'en fallut
de peu que ces craintes de Zetzner ne se réalisassent;
le lendemain même du départ de Walter, celui-ci fut
dénoncé au gouverneur comme ayant triché au jeu.
« La police vint le quérir dans mon logement, et si on
l'avait pris, il aurait été certainement transporté à Ceuta,
en Afrique, où on lui aurait appris à travailler dûr pour
le restant de sa vie. On dit que pendant les dix jours
qu'il a vécus, séparé de moi, il a escroqué environ
quarante pistoles au jeu. M. Partiset (le consul) ne voulait pas lui donner un passeport sans mon consentement;
j'eus la bonté d'âme de dire que je ne m'opposais pas

à son départ, et qu'il éta't nécessité par l'état de ses affaires à Strasbourg. Si je m'étais plaint de lui, on l'aurait embarqué, non pour Marseille, mais pour Ceuta, et s'il a revu sa ville natale, c'est uniquement à moi qu'il l'a dû. J'ai agi de la sorte par considération pour mademoiselle sa sœur. Sa propre mère a dit à ma femme, en apprenant qu'il m'avait quitté à Cadix : « Si seulement ils ne se rencontrent pas au retour, car, au cas où Zetzner rapporterait beaucoup d'argent, il serait bien capable de le guetter pour le voler et même pour lui prendre la vie ! » [1])

L'entrevue fixée au 8 octobre — et qui eut lieu en effet à cette date chez M. Macé — ne donna pas plus de résultats que la précédente. Ni prières ni menaces ne semblaient pouvoir ébranler le débiteur récalcitrant, et Macé lui-même déclarait nettement que tout ce que pourraient faire les syndics de la faillite, serait de verser 10 % des sommes compromises. On fixa le 13 comme terme définitif pour fournir une réponse ferme à ce sujet, mais avant d'arriver à cette date, notre pauvre compatriote eut encore quelques mauvais moments à passer. Flânant mélancoliquement par la ville, deux jours auparavant, il aperçoit de loin Surmont qui se dirige vers le couvent des Augustins et finit par y entrer. Qu'allait-il faire chez les bons frères ? L'idée — un peu bizarre, il est vrai — lui vint que le négociant allait se retirer au cloître, pour éviter toutes poursuites judiciaires, et cette idée s'empare si bien de son esprit qu'il se promène pendant toute une heure devant la porte d'entrée, pour vérifier le fait, puis, n'y tenant plus, va sonner lui-même à la poterne et demande à parler à don Pedro. Il ne fut un peu rassuré que lorsque le frère portier, baragouinant un mauvais français, lui eut répondu que ce seigneur était déjà reparti par une autre porte du cloître;

[1]) Nous verrons qu'il répète encore plus tard cette déclaration de Madame Walter mère. Espérons que le cousin, comme la mère, exagéraient la prédisposition au crime du sieur Walter !

cependant il poussa la précaution jusqu'à passer au domicile du failli, pour constater, *de visu*, qu'il était bien rentré chez lui !

Le rendez-vous du 13 octobre n'aboutit pas plus que les autres, et les jours suivants, loin d'éclaircir la situation, virent empirer encore cette situation fâcheuse. En effet, le bruit se répandit parmi les nationaux français que sous peu tous les sujets de Louis XV seraient expulsés d'Espagne [1], et, le 16 octobre, se tient chez le consul une réunion de tous les négociants notables. On y décida que tous les navires de commerce, actuellement en rade de Cadix — ils étaient au nombre de dix-huit, dont quelques-uns de vingt à quarante canons — se grouperaient pour se prêter un appui mutuel, et que le *Comte de Toulouse*, l'un d'eux, fonctionnerait comme vaisseau amiral. On peut se figurer l'anxiété de Zetzner en apprenant ce nouveau danger, qui menace à la fois sa personne et ses écus, et sa « démoralisation » profonde. Heureusement qu'il était encore, à cette époque de sa vie, assez facile de le ramener à des vues plus optimistes, et le *Journal* raconte naïvement qu'il lui suffit de manger quelques douzaines d'huîtres fraîches et succulentes avec son ami Duval, dans une guinguette du port, en les arrosant d'un excellent vin d'Alicante, pour que « ses esprits fussent de nouveau un peu ranimés ». Le lendemain matin il trouva le courage nécessaire pour repousser, comme « nuisible et honteuse », une proposition « finale », formulée par Surmont, qui offrait de lui verser 12 % de sa créance, soit 2616 piastres, en lieu des 21.815, ce qui, au cours du change sur Paris, aurait fait 12.700 livres. Comme Zetzner avait promis à Rotmund un versement de 11.000 livres, on voit qu'il lui serait resté en tout et pour tout, une bagatelle de 1700 livres, ce qui ne couvrait même pas les frais du voyage !

1) C'était au moment de la *Triple-Alliance* de la France, de la Hollande et de l'Angleterre, négociée par Dubois, et dirigée en effet contre l'Espagne.

Enfin la véritable bataille s'engage : sur la menace
de commencer immédiatement les procédures à Séville,
Surmont se résigne à offrir 15 %. Nouveau refus dédai-
gneux. Le négociant de Cadix propose alors un supplé-
ment fixe de 4500 livres, et subit un nouvel échec.
Mais le 23 octobre, à la suite d'un dîner tout intime
où les deux contradicteurs s'épanchent, les entêtements
réciproques mollissent, et l'on esquisse un arrangement
en partageant la différence. En outre des 15 % de la
faillite, Surmont s'engage à payer à Masson, pour le
compte de notre Strasbourgeois, une somme de 6350 livres
en lettres de change sur Paris ou Lyon, dès qu'il aura
mis sa signature au bas du concordat approuvé par les
autres créanciers. Le *Reiss-Journal* expose fort bien les
raisons multiples qui poussèrent Zetzner à ne pas s'obsti-
ner plus longtemps dans son attitude intransigeante :
les frais considérables de tout ce séjour en Espagne,
le danger imminent d'une expulsion, la nécessité de
s'occuper de près de ses affaires à Strasbourg, la saison
mauvaise pour les voyages maritimes qui s'annonce déjà,
tout se réunit pour lui prêcher la résignation. Et dès le
24, Macé paie 3272 piastres ou 15.705 livres à Masson,
qui en verse 4705 à son client et envoie les 11.000
autres à Lyon, pour le compte de Rotmund. Ce fut
donc, après tout, ce « filou » sans vergogne qui récolta
tout le profit matériel de la patience et de la persévé-
rante énergie déployée par notre pauvre Strasbourgeois ;
c'est lui qui put s'applaudir, plus que tout autre, de ce
voyage en Espagne. Aussi ne comprend-on que trop
bien que Zetzner décharge, une fois de plus, toute sa
bile sur ce forban de la haute banque d'alors, avant de
clore cette partie de son récit.

Cependant cet observateur, sans grande ouverture
d'esprit, mais consciencieux, tel que nous le connaissons
de vieille date, ne pouvait quitter les rivages espagnols
sans nous donner, selon son habitude, un aperçu général
sur le pays, sur ses produits et ses habitants, sur leurs
mœurs et leurs idées ; on y peut glaner plus d'un trait

curieux et original. Nous ne nous arrêtons pas à ce qu'il raconte des richesses naturelles du sol, de sa fertilité, malgré l'absence des pluies 1), de ses fruits splendides, de ses vins exquis, mais dangereux pour les étrangers 2). Il en a déjà été suffisamment parlé dans ses récits antérieurs. Mais nous allons donner quelques extraits de ses notes, généralement concises, mais amusantes, parce qu'elles sont naïves et sincères, sur la vie des Espagnols au temps de Philippe V, en suivant les feuillets du *Journal* dans ses zigs-zags parfois tout à fait imprévus.

Voici d'abord quelques détails intéressants sur la cherté de la vie à Cadix. «M. Masson qui a cinq commis dans son comptoir, deux servantes blanches, trois servantes mauresques, un domestique blanc et trois noirs, et qui a, de plus, chez lui, un frère et un cousin, soit en tout dix-sept personnes, m'affirme que les traitements, la nourriture et les autres frais du ménage se montaient annuellement à trois mille piastres, soit à 17.000 livres en argent français. Des magasins, même sans grands dépôts pour marchandises *(gewœlbe)* se paient en location jusqu'à 800 piastres (près de 4500 livres) l'année. Tous les artisans se font aussi payer fort cher. La façon d'un habit tout simple, sans les fournitures, coûte seize livres. Un compagnon charpentier touche un salaire quotidien de deux florins et demi, un maçon deux florins, etc. Si un artisan est à la tête de six à sept personnes, il dépensera journellement vingt-cinq sols, rien que pour l'eau fraîche, qu'il faut toujours payer... Les porteurs qui la prennent dans les bateaux pour la distribuer en ville, peuvent gagner en un jour jusqu'à six livres. Ce sont généralement des Morisques ou des

1) Au moment où Zetzner traversait l'Espagne, il n'y avait pas plu depuis neuf mois (p. 627).

2) « Tout étranger, si la vie lui est chère, devra se mettre en garde contre les vins d'Espagne si capiteux et les femmes espagnoles non moins capiteuses *(hitzig)*. Il ne goûtera des vins que selon la nécessité, et quant aux autres, il s'en abstiendra tout à fait » (p. 628).

étrangers, car Messieurs les Espagnols trouvent ce travail trop fatigant ».

Une branche de commerce fort goûtée, c'est le trafic de l'argent. Il est, à la vérité, sévèrement défendu d'exporter des piastres, mais tout le monde se livre avec entrain à cette contrebande, et le bon Zetzner lui-même emportait clandestinement un sac bondé de mille piastres mexicaines, qu'il confiait, contre reçu, au capitaine Franchisque, avec lequel il quittait le port de Cadix [1]). Mais cet exposé commercial est coupé par le récit d'une série de *faits divers* criminels que notre voyageur affirme s'être passés durant son séjour à Cadix. Il n'y a pas lieu de douter de l'authenticité de ses récits, ni surtout de sa sincérité à y croire, mais peut-être serait-il aussi injuste de juger d'après eux tous les Espagnols d'alors, qu'il le serait de juger les Parisiens d'aujourd'hui d'après les exploits de quelques Apaches des boulevards extérieurs, narrés par la presse à scandales. Je n'en citerai qu'un seul, qui suffira, je pense, pour effrayer mes pacifiques lecteurs. « Un misanthrope *(menschenfeind)* avait chargé un scélérat d'assassiner un de ses amis, pour l'unique raison qu'il l'avait appelé *cocu* [2]). L'acte de trahison devait lui rapporter deux pistoles. Au jour dit, le meurtrier se rendit donc chez celui auquel il voulait ravir la vie et qui était d'ailleurs son bon camarade, et lui demanda s'il ne voulait pas venir faire une petite promenade avec lui, hors la porte de terre [3]). Après avoir refusé d'abord, l'autre finit par l'accompagner, et ils arrivèrent, en devisant de choses et d'autres,

1) On paie 1% à l'individu qui conduit l'argent à bord du navire; 1 1/4% au capitaine pour le frêt, 1/4% pour le courtage. Néanmoins on peut réaliser de beaux bénéfices, car 1000 piastres mexicaines neuves pèsent 117 marcs d'argent et demi, tandis qu'à Marseille le poids officiellement admis par mille pièces n'est que de 102 1/2 marcs.

2) Du temps de Zetzner, et aussi du temps de Molière, on imprimait le mot en toutes lettres. Notre siècle, plus pudibond, ou plus hypocrite, pratique toujours la chose, mais a proscrit le mot.

3) C'était une des portes de Cadix.

à un endroit propice à l'assassinat, hauteur située près de la mer, loin de l'enceinte de la ville. Trois autres chenapans les y attendaient déjà. Alors le brigand déguisé dit tout à coup à son ami de recommander son âme à Dieu, car il avait donné sa parole d'honneur de l'occire ici. Le malheureux, très effaré, lui objecte : « Mais nous avons toujours été bons amis ! » et demande ce qu'on lui a offert pour commettre un pareil crime. Le scélérat répond : « Deux pistoles ! » sans nommer cependant son patron. La pauvre victime avait dans ses poches environ trois louis en argent blanc ; elle les lui offre, pour avoir la vie sauve, ou pour que, du moins, son ennemi soit sacrifié à son tour. L'assassin s'engage alors très sérieusement à fonctionner aussi comme vengeur de celui qu'il va tuer, mais seulement à quelques jours de là ; il encaisse les trois louis, puis ses complices se jettent sur l'autre, le lardent de coups de poignard et lancent le cadavre à la mer. Après quoi, leur chef se rend en effet chez le personnage qui lui a donné cette commission délicate, encaisse là aussi ses deux pistoles, l'invite, à son tour, à une petite course *extra muros*, afin de lui montrer les lieux où « l'opération » a eu lieu, l'emmène et le livre à ses satellites « qui le transpercent avec une lame d'acier longue et flexible, de l'épaisseur à peu près d'une aiguille d'emballeur ordinaire, que ces scélérats portent sous leurs habits » et le jettent à la mer. « J'ai passé parfois à l'endroit même où tout cela s'est accompli », note le bon Zetzner avec un frisson d'épouvante rétrospectif. Environ quinze jours plus tard, au moment où ils projetaient un nouveau crime, ces misérables furent surpris, et si le principal des assassins put se réfugier dans un couvent, deux autres furent pris et ont tout avoué (p. 634-639).

On ne lira pas non plus sans intérêt ce que Zetzner nous raconte des faits et gestes de l'Inquisition espagnole. « Elle est très sévère ici, comme dans tout le royaume. Les femmes savent fort bien s'en servir pour se venger de leurs maris, en les dénonçant faussement,

pour se débarrasser de leur contrôle. Beaucoup d'entre
ces derniers, qui n'ont pas pu se résigner à tolérer les
débordements et la méchanceté de leurs épouses sont
enfermés dans les cachots de l'Inquisition, sans avoir
jamais su pourquoi. Le nombre des espions de l'Inquisition est considérable à Cadix, et ils surveillent active-
ment les étrangers aussi bien que les regnicoles, et
lorsqu'ils constatent un acte ou une parole suspects,
ils en avertissent sur-le-champ l'inquisiteur. Un de ces
espions vint aussi me rendre visite, dans ma chambre,
et m'y débita toutes sortes de paroles aimables, sans
que je susse qui j'avais devant moi. Il prit en mains
mon livre de prières, emporté en voyage[1]), et se mit à
le feuilleter. Mais il s'y trouvait aussi des cartes, des
itinéraires et divers autres renseignements utiles à un
commerçant à l'étranger, et, comme il ne savait pas
l'allemand (il me causait en excellent français), je lui
dis que c'était un *Guide du voyageur*, et il se contenta
de cette réponse. Je mentionnai cette visite à mon
propriétaire, qui m'assura que mon interlocuteur était
un des affidés privilégiés de l'Inquisition, et, comme à
plusieurs reprises j'étais resté toute la matinée chez moi,
il me conseilla très instamment de sortir dorénavant
tous les matins, vu qu'il y avait des individus chargés
de contrôler les étrangers et de vérifier s'ils allaient à
la messe... Que Dieu préserve tout pays d'un pareil
tribunal d'Inquisition ! »

[1]) Pour bien comprendre ce qui suit, il faut savoir qu'au XVIe et au
XVIIe siècle, voire même au commencement du XVIIIe, on imprimait
encore en Allemagne des ouvrages d'édification d'un genre particulier,
qui paraîtraient fort étranges aux négociants et aux commis-voyageurs
d'aujourd'hui. C'était un mélange de passages bibliques, de cantiques et
de prières qui permettait aux bons luthériens de s'édifier en route, quand
ils voyageaient en pays catholiques. En outre, ces recueils (généralement
de très petit format, pour être porté commodément en poche) renfermaient
des indications géographiques, des cartes même, et, avec ces itinéraires,
des indications sur le change des monnaies et autres renseignements
analogues. C'est ce qui explique l'apparente naïveté du familier de
l'Inquisition. Aujourd'hui, sans doute, on ne confondrait plus un livre
de psaumes avec un agenda de poche.

On ne peut pas dire que notre compatriote ait beaucoup admiré les descendants, un peu dégénérés, il est vrai, des rudes hommes de guerre qui avaient fait trembler l'Allemagne cent cinquante ans et même cent ans auparavant. « Messieurs les Espagnols, dit-il, sont des gens bien prétentieux *(sehr hochtrabend)* et qui pourtant tiennent à leurs aises en toutes choses ». Puis il cite de nombreux détails à ce sujet. Tout le monde — même les domestiques — fait la sieste de une à trois heures ; quand un homme du commun *(ein geringer schlechter Mann)* va au marché, afin d'acheter quelques légumes pour deux ou trois sous, jamais il ne les emporte lui-même sous son manteau, mais il paie un commissionnaire pour les lui livrer à domicile, quoiqu'il double ainsi la dépense. Jamais un artisan ne traversait la rue sans porter sa longue rapière encorbeillée [1]). On rencontre souvent des gens montés sur des mulets et portant de grandes lunettes, afin de passer pour des savants. « Plus une personne est réputée érudite plus les lunettes seront grosses ».

Les familles ne sont pas nombreuses ; « on voit rarement un Espagnol qui ait engendré trois ou quatre enfants. Il faut en chercher la cause dans le climat très chaud, dans les vins capiteux et surtout dans la complexion trop amoureuse *(geilheit)* qui caractérise également les deux sexes. Le *mal français* est si répandu que les enfants en sont infectés parfois dans le sein maternel, et que beaucoup d'entre eux meurent jeunes. Aussi regardent-ils cette maladie comme étant de peu de conséquence et tiennent-ils pour plus vicieux les simples ivrognes. Ce sont surtout les Maurisques, très dévergondées et fréquentées par les seigneurs eux-mêmes comme par la populace, qui la communiquent aux blancs... Il y a d'autres raisons encore pour les-

---

1) J'essaie de traduire ainsi les mots « *einen langen spadium mit einem grossen Maulkorb* » (p. 642).

quelles l'Espagne est si dépeuplée : c'est d'abord le grand nombre de ses maisons de tolérance, puis encore la quantité énorme de gens qui entrent dans les ordres... Beaucoup de mariages légitimes se concluent également entre blancs et Mauresques, et les enfants qui naissent de ces unions sont généralement laids, moitié jaunes et moitié noirs [1]. Mais cela ne se pratique qu'en Andalousie ; dans les autres provinces il n'y a point d'esclaves ».

Mais si Zetzner dit tant de mal des Mauresques — j'ai dû sauter certains détails trop naturalistes — il n'est guère plus aimable pour les Andalouses et les Castillanes du *sangre d'azul*. « Les femmes en Espagne ne se fardent pas seulement le visage, mais encore les épaules ; du moins la plupart d'entre elles le font. Jamais un Espagnol n'exigera le moindre travail de son épouse, car toutes, les riches comme les pauvres, lui répondraient : « Nous ne sommes pas venues au monde pour travailler, mais pour plaire aux hommes et leur procurer du plaisir ». Avec cela, elles ne jouissent pourtant que d'une liberté bien piètrement mesurée ; on ne leur permet pas de sortir beaucoup, et, quand elles traversent les rues, la jalousie des hommes les oblige à se cacher le visage d'un voile épais, d'où sortent à peine leurs yeux. Je n'ose traduire le passage naïvement cynique du *Journal*, dans lequel le bon père de famille alsacien nous raconte, avec une stupéfaction profonde, la situation fâcheuse dans laquelle il se trouva le jour, où, pressé par un irrésistible besoin, il s'apprêtait à se soulager contre une maison quelconque ; je n'ose reproduire surtout « l'exposé des motifs » que lui fournit un ami bénévole, exposé basé sur la jalousie insensée des maris et sur la convoitise sans frein de leurs tendres moitiés [2] (p. 647-648). « Du reste, l'Espagnole a géné-

1) Zetzner ne veut pas dire qu'ils sont mi-partie jaunes et noirs, mais d'un teint jaune, tirant sur le noir.

2) J'espère que cet ami, quoique Espagnol lui même, calomniait à la fois les uns et les autres.

ralement la taille bien faite, mais d'ordinaire le teint jaunâtre et un tempérament des plus ardents. Un étranger, ayant quelque souci de sa santé, fera bien de se tenir également en garde contre les passions embrasées du beau sexe et le feu des vins de ce pays ».

S'ils sont enclins à la colère et à la luxure, du moins les Espagnols sont éminemment sobres ; ils ne se préoccupent guère de ce qu'ils boivent ni de ce qu'ils mangent, et ils ont coutume de dire : « Nous ne mangeons et ne buvons que pour sustenter notre existence, tandis que d'autres nations s'imaginent qu'elles ne sont là que pour se gorger de mets délicats ». Mais ce qui les rend désagréables aux étrangers, c'est leur immense amour-propre. « Ils méprisent tous les autres peuples et vont jusqu'à trouver injuste que N. S. Jésus-Christ ne soit pas né en Espagne. Ils affirment que Dieu a parlé espagnol avec Adam et Ève au paradis, ainsi qu'avec Moïse au sommet du Sinaï... Un mendiant qui vous demande l'aumône, ne supportera pas que vous refusiez de l'appeler *Señor*. Beaucoup de gens qui n'ont pas même un morceau de pain, auraient honte d'exercer un métier ou de cultiver le sol. Ils sont si fiers de leur longue rapière qu'ils la gardent, même en communiant [1] et que beaucoup l'embrassent en la quittant le soir. On fait un usage si fréquent des lunettes chez eux qu'ils en portent même dans les rues et à table... [2]). Ils dédaignent les gens de tous les autres pays ; si c'est un Portugais, ils l'appellent Juif ; si c'est un Français, ils le traitent de

[1] Cela a frappé sans doute plus particulièrement Zetzner, parce que dans l'Allemagne protestante d'alors les règlements ecclésiastiques proscrivaient le port d'armes chez ceux qui voulaient participer à la Sainte-Cène ; on déposait son épée avant de s'approcher de l'autel ou de la table de communion.

[2] Que dirait aujourd'hui notre naïf Strasbourgeois en entrant dans une salle de réunion, un théâtre, une église, en s'asseyant à une table d'hôte, en flânant sur les boulevards ? Lunettes et pince-nez partout, sans compter les monocles et les face à main, voire même les jumelles !

gabathse, c'est-à-dire de *fils de putain*; les Hollandais
et les Anglais sont des *hérétiques* et un Allemand, qu'ils
devraient appeler dans leur langue *Alemanni*, est pour
eux un *animal*. Est-ce un Italien, on le traitera de
femmelette. Ils ont aussi un proverbe qui dit : « Impossible d'assigner des limites à l'ivrognerie des Teutons,
à la passion amoureuse des Italiens, à la cupidité
(manserey) des Espagnols ». Quand une dame daigne
montrer son pied à un amoureux, c'est une faveur
extrême, car elles sont très fières de la gracilité de
leurs membres. Généralement les hommes sont seuls
assis à table pour leurs repas; femmes et enfants
mangent d'ordinaire accroupis sur le plancher. Par la
plus forte chaleur un Espagnol porte deux camisoles,
un habit, un bonnet, sur lequel il place son chapeau,
et par-dessus tout cela il s'enveloppe dans son manteau;
tout cet équipage, auquel il faut ajouter une longue
rapière, lui donne un véritable air de comédien...
Quand ils s'habillent — ceux du moins qui se costument
à la mode du pays — ils mettent d'abord les bas, puis
les souliers, puis la camisole et puis seulement les
culottes... Ils mangent la soupe à la fin du repas,
comme dessert. Dans leurs beaux jardins on ne trouve
ni ombrages, ni bancs où s'asseoir. Lorsqu'ils fument
le matin, ils avalent la fumée sans que cela les incommode. Ils coupent la queue à leurs chats, sous prétexte
que l'extrémité de cette queue contient un venin. Le
domestique appelle son maître *Senor*, et réciproquement
le maître traite aussi de *Senor* son domestique. L'in-
continence n'est pas regardée par eux comme un vice[1]).
La grande gravité naturelle des habitants du pays est
cause qu'on ne voit presque jamais rire un Espagnol.
Généralement le beurre se vend à l'aune en Andalousie,
car on le met dans des boyaux de porc, à cause de

1) C'est évidemment des hommes seuls qu'il s'agit ici, puisque
nous avons vu plus haut avec quelle jalousie féroce les femmes sont
surveillées.

la grande chaleur ; j'en ai acheté moi-même du pareil à Ecya. Lorsqu'ils pavent leurs rues, ils dressent le côté pointu vers le haut et placent la surface plus large dans le sol. Lors des enterrements à Cadix, les morts sont portés généralement à découvert, et, si le défunt était pauvre, on organise une quête, afin de faire dire des messes pour le salut de son âme, avec cet argent. Quand ils jouent aux cartes, ils s'arracheront les cheveux en cas de dispute, plutôt que de déchirer leurs cartes, car, disent-ils, celles-ci coûtent de l'argent, mais les cheveux repoussent *gratis*. Quand on dit à un Espagnol qu'il est un « mari trompé » *(cornus)* ou un ivrogne *(boracho)*, il regarde cela comme l'injure la plus sanglante qu'on lui puisse faire [1]. L'air du matin et celui du soir sont également fort malsains en Espagne, c'est pourquoi, soir et matin, les fenêtres sont tenues bien closes ».

« Voici, dit notre voyageur en terminant ce chapitre, ce que j'avais noté dans mon journal sur le royaume d'Espagne et les Espagnols et ce que j'ai réuni ensuite à Cadix ; sans doute j'aurais pu et dû y ajouter encore bien d'autres choses, mais la dépression mentale causée par mes grandes pertes d'argent, m'a empêché de le faire » (p. 656). L'incroyable pêle-mêle dans lequel Zetzner nous présente ses notes de voyage, et que nous avons scrupuleusement respecté, ajoute encore au piquant de ses considérations ethnologiques, et, sans vouloir prétendre qu'il ne s'est jamais trompé sur tel ou tel point, qu'il n'a pas trop généralisé certaines observations de détail, on peut admettre pourtant qu'il n'a jamais sciemment altéré la vérité, telle qu'il a cru la voir, en brossant cette amusante esquisse de l'Espagne au début du XVIIIe siècle.

---

[1] Il en est de même un peu partout, et certains des traits de cette page curieuse me font tout l'effet d'être l'écho de joyeuses plaisanteries après boire que les amis français ou anglais de Zetzner lui racontaient au dessert, pour l'amuser et qu'il a transcrites pêle-mêle avec des menus faits observés par lui-même.

Il ne nous reste plus qu'à reprendre avec notre compatriote le chemin du retour. Pour rentrer en Alsace, il suivit quelque peu le chemin des écoliers ; mais nous allons écourter, dans la mesure du possible, ses aventures ultimes pour ne pas fatiguer nos lecteurs.

C'est le 25 octobre 1718 que Zetzner fit ses visites d'adieu à l'intendant, M. de Varas, au consul de France, M. Partiset, et aux amis assez nombreux qu'il s'était faits à Cadix. Il avait pris passage sur un navire de Marseille, le *Duc d'Orléans*, dont le capitaine, Franchisque, vient l'avertir, ce même jour, à midi, qu'il eût à se tenir prêt à embarquer vers le soir. Il le garde à dîner, et ce repas fut fort gai ; « jamais, depuis le jour où j'ai quitté Strasbourg, je n'ai mangé ni bu de meilleur appétit ». Ils vidèrent ensemble quelques flacons de l'excellent vin de Rota, « qui n'a pas son pareil en bouquet et en bonté », et ils en furent tout « raguaillardis » ; puis M. Masson vint encore leur serrer la main, le notaire, don Francisco Gamonales, apporta quelques pots de confitures à son client, qui lui avait laissé des honoraires convenables, et le soir, à six heures, le capitaine l'emmenait à bord. « Et maintenant adieu, vieille et célèbre ville marchande de Cadix, où j'ai subi tant de chagrins, de tristesses et d'ennuis ! »

La première nuit, tout au moins, ne fut pas gâtée par des préoccupations sombres ou des souvenirs douloureux. Le *Duc d'Orléans* avait une artillerie respectable, et le dîner s'étant continué par une beuverie générale des officiers supérieurs et des passagers d'importance, des salves bien nourries saluèrent les toasts nombreux portés par Franchisque, Zetzner et les autres convives. Peut-être notre voyageur se rappela-t-il, à ce moment, les banquets analogues, si bruyamment célébrés par lui, dix-huit ans auparavant, dans la Baltique et la mer du Nord. En tout cas, ce fut bien tard qu'il alla s'étendre dans sa cabine, sommairement meublée, la veille seulement, à ses frais.

Pendant plusieurs jours les vents contraires empê-
chèrent la sortie de la baie de Cadix, où une frégate
française de cinquante canons, venue de Brest, avait jeté
l'ancre, à la grande satisfaction de nos nationaux qui
se sentaient plus protégés en cas d'agression. Puis, quand
le vent fut devenu favorable, le navire resta quelques
jours sur rade, plusieurs négociants ayant confidentielle-
ment averti le capitaine qu'ils lui donneraient encore
des piastres espagnoles à exporter. On en apporta jusqu'à 30.000, « que j'ai presque toutes comptées moi-
même », dit Zetzner, « pour tuer le temps, car je ne me
souciais pas de retourner à terre. Enfin, le 2 novembre,
nous avons levé l'ancre et sommes sortis de la baie,
en invoquant le nom de Dieu, accompagnés du *Comte
de Toulouse* (capitaine Aubin) et du *Lévrier* (capitaine
Lombardeau), chargés, eux aussi, de piastres, de cochenille et d'indigo, pour Marseille. Notre propre navire
portait des piastres pour 4 millions de livres, et, de
plus, pour un demi-million de cochenille et d'indigo,
sans compter d'autres marchandises de choix ».

Un calme plat les retint dans le voisinage de Cadix
et leur fit même craindre une « visite » de la part d'un
vaisseau de guerre espagnol, chargé de surveiller les
exportations faites en contrebande; mais le 5 novembre
le flot les entraîna au-delà du cap Spartel et jusqu'en
vue des promontoires septentrionaux de la « Barbarie ».
Le soir, à dix heures, ils étaient dans le détroit de
Gibraltar, et passèrent ensuite devant Tanger, poussés
par un vent assez violent pour mettre en lambeaux la
voile appelée « la petite maîtresse » et pour soulever
des vagues qui mettaient l'équilibre du navire en danger.
Le 7, de grand matin, nos voyageurs étaient devant
Ceuta, assez proches de la côte, pour distinguer les
moricauds qui travaillaient dans les vignobles et aux
champs. Mais ils virent bientôt un spectacle, sinon
moins pittoresque, du moins infiniment moins réjouissant;
c'étaient trois navires, ayant arboré le pavillon hollandais, mais qu'à leur tournure on reconnut néanmoins

comme corsaires algériens. Sur l'ordre du capitaine le
drapeau blanc fut immédiatement hissé, la France étant
en paix avec ces barbares. « Mais en même temps l'avis
général fut qu'il serait plus prudent de prend e le large,
au lieu de les attendre, pour leur exhiber nos passe-
ports. Car souvent ils abordent les navires français pour
voir s'il ne s'y trouve pas des Espagnols, des Hollandais, des Anglais ou d'autres étrangers avec lesquels ils
sont en guerre, afin de les emmener comme esclaves ;
si, lors d'une pareille « visite », « cette canaille barbaresque découvre un trésor en argent monnayé, comme
celui que nous avions à bord, malgré l'état de paix,
ils s'en emparent, et, pour que leur vol reste caché,
ils lient tous les chrétiens avec des cordes, les massacrent,
puis sabordent le navire et le font ainsi couler à fond ».

« Nous déployâmes donc nos voiles, dit Zetzner,
mais ils nous poursuivirent et l'un des corsaires tira sur
nous trois coups de canon, sans nous causer aucun mal,
Dieu merci. Nous fûmes donc obligés de carguer notre
voilure, et l'un des Barbaresques — son vaisseau s'appelait la *Perle* — s'approcha suffisamment de nous pour
demander, avec menaces, que nous lui fassions porter
nos papiers, sans quoi il nous traiterait en ennemi et
nous ferait tous esclaves. Se sentant trop faible pour
résister, le capitaine répliqua, par le porte-voix, qu'il
allait lui faire tenir notre passeport. Comme nous étions
à peine à portée de pistolet, nous pouvions voir le pont
du corsaire encombré de monde ; il pouvait avoir cinquante canons. Notre chaloupe fut mise à la mer et le
lieutenant envoyé au commandant de la *Perle*, avec six
matelots. Personne ne sachant quels étaient les projets
de ces bandits, chacun priait, à part soi, que Dieu le
protégeât de la tyrannie de ces mécréants et de leur
esclavage ». Apprenant que le *Duc d'Orléans* venait de
Cadix, et se trouvait chargé par suite de marchandises
ennemies, le corsaire se montra d'abord très exigeant ;
il fit ranger deux cents hommes de son équipage en
armes sur le pont, comme pour monter à l'abordage

du navire qui n'était plus qu'à quelques centaines de toises. « Aussi nous nous regardâmes tous, le cœur bien gros, et constatant que le courage de notre capitaine avait singulièrement baissé, beaucoup d'entre nous furent pris d'une peur telle qu'ils se seraient plutôt jetés à la mer, préférant se sacrifier aux poissons que de tomber entre les griffes de ces barbares. J'en entendis plus d'un déraisonner, hurler et pleurer, et moi-même, pour être bref, je passai par les affres de la mort. Nous restâmes de la sorte en suspens pendant plus d'une heure et demie, nous attendant à voir à chaque instant notre navire pris d'assaut. Pendant ce temps le capitaine s'escrimait à travers le porte-voix, jurant qu'il n'avait à bord que des marchandises appartenant à des Français et que nous étions tous sujets du roi. Heureusement que le lieutenant était, lui aussi, un gaillard courageux et que l'interprète du corsaire voulait du bien aux chrétiens... Finalement le Barbaresque nous fit souhaiter bon voyage par son drogman, et, en apprenant cette heureuse nouvelle, nous nous sentîmes renaître à l'espérance; la plupart tombèrent à genoux, remerciant le Tout-Puissant de nous avoir protégés contre un si terrible danger. Oui, j'avouerai que déjà, dans l'excès de mes craintes, j'avais pris congé de mes bien-aimés, laissés sur la terre natale, car je n'espérais plus me voir arraché des mains de ce peuple barbare! »

Aussi quand le capitaine du *Duc d'Orléans* fit tenir à celui de la *Perle* un petit cadeau (six bouteilles d'eau-de-vie et un tonneau d'eau fraîche), Zetzner se sentit poussé par la reconnaissance à joindre, de sa poche, une *douceur* pour l'interprète qui s'était si bien conduit, à savoir une livre de tabac, deux bouteilles d'eau-de-vie et six piastres comptant[1]). Puis, ayant rallié le reste du convoi, le capitaine Franchisque se dirigea vers

---

1) Les trois corsaires avaient pris, au cours d'une quinzaine, trois vaisseaux espagnols et deux hollandais et s'étaient procuré ainsi près de cinquante esclaves.

Gibraltar, où les navires se mirent à l'abri, au moment précis où éclatait une violente tempête. Cela n'empêcha pas notre voyageur de débarquer le lendemain, pour visiter la ville, alors déjà occupée par les Anglais; il put y utiliser ce qu'il savait encore de l'idiome britannique et alla présenter ses hommages à M. Cotton, le gouverneur de la forteresse, qui les reçut fort poliment, puis accompagna son capitaine auprès d'un compatriote de Nîmes, un M. Simon, qui se trouvait être alors le principal négociant de la localité. « Je me fis connaître de lui comme confrère en négoce, et, après que nous eûmes causé affaires pendant quelque temps, nous devînmes si intimes qu'il ne voulut pas me laisser partir avant que j'eusse dégusté quelques huîtres et un excellent vin d'Espagne, ainsi que plusieurs espèces de confitures. Quand le capitaine se fut rafraîchi, il retourna à ses affaires, mais, pour moi, je restais auprès de mon hôte, à discuter des questions commerciales ». Il se plut si bien dans la société de cet aimable Nîmois qu'il écrit sérieusement dans son *Journal* : « Si j'avais encore été célibataire, j'aurais certainement passé là-bas quelques années de ma vie, car on y trouve facilement l'occasion de grands bénéfices, en s'appliquant au travail ». Il passe également l'après-midi dans le jardin de M. Simon, « à l'ombre des orangers et des citronniers qui sont plantés en pleine terre, comme d'autres arbres, et dont le tronc est si gros que c'est à peine si je pouvais les entourer de mes bras ». Il s'y délectèrent d'une « excellente boisson africaine » (?), fumant alternativement du tabac hollandais, mangeant des asperges et des artichauts en conserves, ou bien encore des melons, « très agréables au palais ». « Je reçus bien des preuves d'amitié de ce M. Simon; c'était un *réfugié* de Nîmes, un homme aimable et sincère. Il m'offrit une chambre dans son jardin pour y passer la nuit, mais je ne dormis guère, jouissant de l'agréable et suave parfum des orangers, citronniers et autres fruits, dont je me délectai fort ». Le lendemain, ces deux parfaits commerçants, si bien

faits pour s'entendre, prirent congé l'un de l'autre, croyant
ne plus se revoir, et Zetzner notait derechef dans ses
tablettes qu'il se serait volontiers résigné « à passer ici
le reste de son existence », pour trafiquer avec les Indes
orientales et occidentales, « si le souvenir des siens ne
l'avait rappelé chez lui ».

Le 9 octobre, à neuf heures du matin, on leva
l'ancre, et les trois navires français, voguant de conserve, approchèrent d'assez près la ville espagnole de
Ceuta, pour apercevoir les bombes (Zetzner écrit *die
pompen*) que les Marocains y lançaient, car, depuis
vingt-cinq ans, le sultan tenait la forteresse assiégée ».
« Vers midi, les vigies virent poindre à l'horizon deux
voiles suspectes qui se dirigeaient tout droit sur nous,
et bientôt ils nous crièrent du haut du mât que c'étaient
deux galiotes de Salé [1]; de là nouvelles terreurs, car
ces pirates raflent tout ce qu'ils rencontrent en mer et
font surtout la chasse aux esclaves. A travers les longues-
vues on voyait que les vaisseaux étaient bondés
d'hommes armés et que chacun d'eux portait environ
vingt canons. Nos compagnons de route avaient disparu
et nos matelots, consultés, exprimèrent l'avis que nous
ferions mieux de rebrousser chemin jusqu'à Gibraltar,
pour ne pas exposer nos richesses et nos personnes ».
Pendant trois heures ils forcèrent de voiles, rattrappant
le *Lévrier*, qui se mit à fuir avec eux, et toujours
poursuivis par ces mécréants. « Alors nous nous mîmes
à prier Dieu, d'un cœur bien contrit, pour qu'il nous
envoie une brise plus violente, afin d'échapper aux
corsaires barbaresques. Le sort des captifs au milieu
d'eux étant regardé comme le plus lamentable qu'on
pût subir, tout notre monde a résolu de se défendre
jusqu'à la mort, pour le cas où ils tenteraient l'abordage. Notre capitaine monta plusieurs fois sur le tillac,
le sabre nu à la main, déclarant que s'il voyait quel-

---

[1] « Cette ville, dit Zetzner, est en Afrique, dans le royaume de
Fez ».

qu'un ne faisant pas tout son devoir au moment de l'attaque, il lui brûlerait sur-le-champ la cervelle ou le jetterait à la mer. Puis il fit donner à chacun de nous un fusil, un sabre et des pistolets; nos canons furent chargés et pointés, et l'on fit une distribution d'eau-de-vie aux matelots ». Heureusement pour nos voyageurs, leurs vœux furent exaucés (« Dieu nous envoya un vent favorable »), et le soir ils se retrouvaient à l'abri des canons anglais du détroit. Quoique sans doute il se fût affublé, comme les autres, de son attirail guerrier, Zetzner n'avait pas été dans des dispositions d'esprit très belliqueuses. « Dans ce grand danger, nous avoue-t-il, j'avais pris la ferme résolution, une fois que j'aurais remis le pied sur terre ferme, de ne plus me confier à la mer et de voyager de Gibraltar à Valence. Oui, j'avoue que j'ai passé par des transes mortelles et des émotions incroyables, suscitées par le souvenir des êtres chéris abandonnés chez moi ! »

En allant serrer la main, le jour suivant, à son ami, M. Simon, notre Strasbourgeois lui confirmait encore la résolution prise au moment du danger. Mais ce prudent personnage lui fit remarquer qu'il y avait presque autant de bandits sur les routes de la *tierra ferma* que sur celles de la Méditerrannée; et quand il entretint le capitaine de ses intentions, un peu plus tard, l'honnête Franchisque se prononça si vivement contre cette fugue de son principal passager, qu'il changea d'avis, une fois de plus, « encore que mon cœur et mon esprit fussent constamment inquiets quand je songeais qu'il fallait échapper aux pirates » [1]. Cela ne l'empêche pas pourtant de noter en cet endroit de son *Journal* la bonne spéculation que l'on pourrait faire à Gibraltar avec la contrebande du tabac. Une livre du meilleur y vaut seulement trente sols et à Cadix le même se paie six livres. « Le tabac est si cher par tout le royaume,

---

[1] L'inquiétude lui fit même trouver *amer* l'excellent vin de M. Simon, qu'il avait trouvé si bon naguères.

parce que le roi s'est réservé le monopole de la vente et en tire un énorme profit ».

Pour le distraire un peu de ses préoccupations — le moyen n'était peut-être pas fort judicieusement choisi — son amphitryon lui remit, après le dîner, un manuscrit rédigé ou du moins écrit par lui, sorte de compilation historique relatant les hauts faits des plus illustres hommes de mer de l'Europe et des principaux corsaires barbaresques. Zetzner, fasciné par les actions d'éclat des uns et les cruautés des autres, doit avoir fort consciencieusement *pioché* son manuscrit, au lieu de se livrer aux douceurs de la sieste, car il en a transcrit tout au moins une longue série de noms célèbres ; parmi les *vornehmste alte Helden* on voit figurer Colomb, Vespuce, Magellan, Vasco de Gama, Albuquerque, Drake, don Juan d'Autriche, Cabot, Davis, Tromp, Ruyter ; parmi les pirates il nomme surtout Barberousse, Dragut, Ochialy, Miltas (qui a sur la conscience la mort de 73.000 chrétiens), Chipandas et Mouley-Ismaël, le roi de Méquinez. « Quand ce payen *(Unchrist)* veut se payer un plaisir et une distraction spéciale, il se fait amener trente à quarante esclaves chrétiens, tout nus, dans une cour, les fait attacher à des poteaux, et, en présence de ses fils, il s'exerce à lancer des javelots sur eux, ou bien il monte à cheval et, en pleine course, leur coupe soit la tête, soit les bras ou tel autre membre ; s'il se sent un peu fatigué et qu'il y ait encore des victimes sur la place de l'exécution, il les abandonne à ses fils… Le roi de Mique-netz *(sic)* possède aussi dans sa résidence un sérail où il entretient près de six cents femmes pour satisfaire ses caprices voluptueux. Mais au moindre mécontente ment que lui donne l'une d'elles — il y a parmi elles des chrétiennes — il la fait misérablement périr, et parfois jeter toute nue aux lions et aux tigres, devant le peuple assemblé ». On comprend que notre com-patriote ait eu la chair de poule en lisant ces histoires et qu'il soit rentré, avec des battements de cœur vio-

lents, à bord de son navire. La nuit étant noire, le vent
favorable, la majorité de l'équipage — qui semble s'être
régi d'une façon passablement démocratique, fut d'avis
de lever l'ancre sans délai. On décida qu'en cas d'attaque
tout le monde se battrait en preux chevalier *(ritterlich)*
jusqu'au dernier souffle; on distribua les armes et les
munitions, et puis, à dix heures, on « s'aventura dans
la nuit sombre ». Zetzner avait mis dans sa poche les
deux pistolets que don Francisco Medinicha lui avait
donnés, pour s'en servir au moment du danger, et
portait en outre deux autres pistolets à la ceinture.
Toute la nuit il arpenta le tillac du navire, et tout
l'équipage resta debout. Le vent soufflait si fort que,
vers trois heures du matin, l'on passait Malaga, qu'à
deux heures de l'après-midi l'on était à la pointe de
Grenade, et « nous nous prîmes à espérer d'avoir définitivement échappé aux corsaires, ce dont nous rendîmes
grâces éternelles au Très-Haut ». Le 11 novembre, dans
la nuit, le navire se trouva à la hauteur de Carthagène,
et le 12, vers midi, au travers d'Alicante. Mais le lendemain le vent devint absolument contraire; comme l'on
craignait alors une guerre entre la France et l'Espagne,
le capitaine ne voulut pas se risquer dans un des ports
de ce royaume, et, au grand effroi de son passager, il
se dirigea derechef vers les côtes barbaresques. La
mer démontée battait les flancs du navire, et c'est à
grand'peine qu'on réussit, dans la soirée du 14, à jeter
l'ancre dans le voisinage de Tenés, « ville et royaume
en Afrique ». Le lendemain on se dirigea sur Alger,
parce que dans ces parages on est plus à l'abri des
pirates de Salé, Tunis et Tripoli, vu que la France et
le dey d'Alger sont amis et que le commandant de la
Perle, le corsaire Teneriffales, qui avait visé les passe-
ports de nos voyageurs, était lui-même Algérien. C'est
le 19 qu'ils arrivent en vue de la ville, mais la nuit
les ayant surpris brusquement à deux portées de canon
du port, ils ne purent rien voir d'abord de cette localité, tristement célèbre alors par toute la chrétienté.

En montant le lendemain matin sur le pont, Zetzner trouva à la cité musulmane un air gai *(ein lustiges aussehen)* avec ses maisons disposées en gradins, et, comme elles sont toutes blanchies à la chaux, elles lui firent l'effet d'être couvertes de neige. « Nous vîmes aussi la grande digue qu'ils appellent *Moly*; la porte que nous voyions dans notre voisinage porte le nom de *Babason*. Les habitants sont Turcs, Maures ou Juifs et font un grand commerce. Il y a parfois jusqu'à quinze milles esclaves chrétiens dans cette ville, et on les traite fort durement. Vers midi nous vîmes une chaloupe sortir du port et se diriger vers nous; nous crûmes d'abord que c'étaient des soldats venant inspecter notre navire, mais quand ils furent plus près, nous nous aperçûmes que c'étaient des Turcs et des Maures qui venaient nous vendre des poissons, des oranges, des citrons et toutes sortes de légumes, que nous leur payâmes ce qu'ils en demandaient. Ils avaient dans leur barque plusieurs esclaves, deux Hollandais et trois Espagnols. J'entamai une conversation avec les premiers, mais dès que les Turcs s'en aperçurent, on les arracha d'auprès de moi, en les menaçant du bâton, de sorte que je ne pus rien apprendre sur leur compte, sinon qu'ils étaient tous deux nés à Hoorn, captifs depuis neuf ans, et qu'ils avaient reçu des milliers de coups sans avoir rien fait pour les mériter. Ils me regardèrent d'un air navré quand la barque repartit, et moi aussi, mais je n'osai plus leur parler… Nous accomodâmes sur-le-champ nos poissons que nous trouvâmes excellents, et, libres de toute crainte à l'égard des Turcs¹), nous nous sentions aussi gaillards que si nous étions à l'ancre devant un port de la chrétienté. Mais quelle que fût notre envie de visiter la ville, nous n'osâmes point y pénétrer, notre passeport ne nous autorisant pas à le

---

1) On peut s'étonner qu'après sa conversation avec les pauvres esclaves, il se soit senti aussi libre et gaillard que cela. Merveilleux effet d'un bon dîner et de l'égoïsme humain!

faire, et le capitaine lui-même n'eut pas le courage d'y pénétrer ».

Zetzner eut cependant la satisfaction de voir de près quelques exemplaires choisis de la haute piraterie algérienne. Le capitaine d'un des plus grands corsaires présents dans le port, du *Soleil ardent*, vint rendre visite au sieur Franchisque. Ce personnage, qui s'appelait Hareaderas, accompagné de six de ses officiers, daigna prendre le café en compagnie des infidèles. « Il avait une barbe si longue que chaque fois qu'il buvait une gorgée, dit le *Journal*, il la trempait dans sa tasse ». L'un des six autres, qui servait d'interprète, était de Gand et parlait fort bien le français; « il s'était converti à la foi musulmane et était par conséquent un renégat ».

Le 18 novembre, le temps ayant de nouveau changé, l'on reprit, une fois de plus, la direction vers le Nord, et la brise étant favorable, le navire s'avançait, toutes voiles déployées, « comme une flèche »; aussi tout le monde était de bonne humeur. Le 20 on passait Iviza et Formentera, et, vers le soir, on se trouvait en vue de Majorque. Mais une saute de vent subite se produisit, la tempête se déchaîna, les vagues se heurtaient avec un tel vacarme contre les flancs du navire que nos voyageurs le voyaient déjà brisé en mille morceaux, et pendant quarante-huit heures l'émotion fut intense. Le 22, à cinq heures du matin, l'équipage et les passagers s'attendaient à sombrer d'un instant à l'autre. La Sainte-Barbe était sous eau; pendant trois heures tout le monde travailla aux pompes et Zetzner avoue que cet exercice, dont il avait perdu l'habitude, lui parut bien dur. Enfin la mer se calma, et, le 23 novembre, l'on put aborder à l'île de Minorque. Elle était occupée alors également par les Anglais, et le gouverneur britannique, M. Carpenter, reçut fort poliment le capitaine et notre commerçant, visa leurs papiers et leur accorda la permission de se « rafraîchir », ainsi qu'à tout l'équipage. Ils usèrent largement de cette permission, visitant successivement plusieurs négociants anglais, qui leur firent manger des plats étrangers, mais exquis, boire d'excellents vins espagnols et du café, puis causèrent avec eux, en fumant de bon tabac jusqu'après minuit, si bien que le souvenir de cette hospitalité baléare se grava profondément dans la mémoire reconnaissante de l'auteur du *Reissjournal*. Il admira surtout dans le jardin d'un M. Feversham des artichauts et des asperges monstres, qui sont, dit-il, deux fois plus grandes que les plus grosses d'Alsace.

Repartis le 25 novembre, ils entraient à pleines voiles, deux jours plus tard, dans le golfe du Lion. « Nous volions comme une balle (dans le jeu de paume, sans doute), et la mer écumait toute blanche devant notre proue, de sorte que nous courûmes derechef de grands dangers ». Mais, finalement, le 29, vers midi, les montagnes de la Provence se dressèrent devant nos voyageurs et la joie fut grande à bord; un calme plat força le capitaine à jeter l'ancre avant d'être en vue de Marseille, qui ne fut signalé que le 30, vers le milieu du jour. Ils saluèrent Notre-Dame de la Garde d'une salve de huit coups de canon, et le château hissa, en réponse à ce salut, le drapeau blanc. « Il sonnait cinq heures quand nous entrâmes dans le port de la célèbre cité. La foule des négociants groupés devant le Change était grande, et tous considéraient avec joie et satisfaction notre heureuse arrivée, car tout Marseille savait d'avance quelle riche cargaison nous amenions avec nous. Dès qu'on eut jeté l'ancre, je m'empressai de débarquer avec le capitaine et me logeai chez M. Bourbon, aux *Deux Pucelles*, où l'on me traita fort bien. Merci à toi, mon bon Dieu, reconnaissance, louange et gloire te soient rendus, de ce que tu m'aies ramené en ces lieux à travers tant de dangers, tant sur terre que sur mer ! »

Quelques mots suffiront, maintenant que nous sommes en pays de connaissances, pour ramener le bon Zetzner jusque sur la terre natale; il a droit au repos et le lecteur

peut-être encore plus que lui-même. Après avoir placé
sa part des piastres exportées frauduleusement d'Espagne,
en les vendant à un « honnête et sincère marchand »
marseillais, M. David Coulliette, — il lui paya chaque
pièce cinq livres neuf sols et neuf deniers — il n'avait
plus rien à faire dans la grande cité provençale. Aussi
prenait-il, le 4 décembre, la diligence pour Lyon[1]),
s'arrêtait à Aix, s'y promenait une partie de la nuit,
par un magnifique clair de lune, avec un compagnon
de voyage, Arménien fixé au Caire, et poussait le
lendemain jusqu'à Avignon. Le 6, il passait à Orange,
couchait à Montélimar, dînait le 7 à Valence, le 8 à
Vienne en Dauphiné, « où l'on me fit voir la tour dans
laquelle Ponce-Pilate fut emprisonné », et arrivait le
même soir à Lyon, où il se logeait chez Mme Giraudin,
à la *Ville d'Amsterdam*.

La première visite de Zetzner fut pour M. Chollier,
le prévôt des marchands de la ville, auquel il tenait à
rendre compte officiellement de ses faits et gestes en
Espagne. Il le reçut fort bien et eut la courtoisie de
lui « faire sentir qu'il regrettait que ses tentatives pour
sauver ses capitaux n'eussent pas mieux réussi ». La
seconde visite, plus désagréable, conduisit notre homme
chez le fripon Rotmund ; il voulait livrer un dernier
assaut à la conscience du traître. « Je lui représentai
que, grâce à ce pénible voyage, qui m'avait coûté fort
cher, je lui avais sauvé ses onze milles livres dues par
Surmont ; que, sans mon intervention, il aurait été
certainement content d'abandonner tous ses droits pour
cinq mille livres ; que, par conséquent, il serait équi-
table qu'il me remboursât au moins une partie de mes
frais de voyage. Mais ce mauvais drôle *(dieses bosshaftige
gemüth)* ne put être amené à me consentir là-dessus la
moindre bonification » (p. 712).

<hr>

1) Cette diligence était attelée de huit mulets ; on payait par tête
pour le transport la nourriture et le coucher, 52 livres par tête, « n'ayant
besoin de s'occuper de rien ».

Il n'y avait donc plus qu'à rentrer chez soi, en passant toute l'affaire de ce gredin par profits et pertes. Ayant conclu un arrangement avec un voiturier, qui retournait en Alsace[1]), Zetzner quitta Lyon le 11 décembre et les notes fort succinctes du *Journal* montrent bien qu'il ne songeait plus qu'à une seule chose à rentrer au plus vite dans sa chère *Fladergass* et à y reprendre la besogne quotidienne, rassasié qu'il était, pour longtemps, d'aventures extraordinaires et de paysages exotiques. Aussi ne nous arrêterons-nous pas à réciter avec lui le catalogue de tous les noms de lieux qu'il traverse au trot de ses bêtes. Le 15, il est à Besançon, le 16 à Montbéliard; le 17, il entre en Alsace par La Chapelle et couche à Cernay; le lendemain, dernier relais nocturne à Guémar, et dans l'après-midi du 19 nous le voyons arriver à Strasbourg et embrasser avec ferveur — je l'espère du moins — la respectable Madame Zetzner, née Runckel, et le petit Jean-Daniel, leur unique rejeton. En tout cas, il n'oublie pas de « rendre grâces, une fois de plus, au Créateur tout-puissant, dont la bonté paternelle lui a conservé vie et santé durant ce voyage si dangereux et si pénible » (p. 713).

C'est au milieu de ces éjaculations pieuses, dont le *Journal* est parsemé, que nous trouvons encore une fois mentionné le nom de l'ex-compagnon de voyage, de ce cousin, Jean-Philippe Walter, dont il avait eu tant à se plaindre durant leurs courses à travers les Espagnes, et contre lequel il conservait une dent, comme le prouve précisément la note suivante : « Je remercie aussi Dieu de m'avoir débarrassé à Cadix de mon méchant et dangereux camarade de route. Car après mon retour j'appris que ce soi-disant « vitrier » était revenu, lui aussi, et qu'il donnait bien des soucis aux siens. Sa propre mère, en causant à ma femme, employa ces paroles : « Je veux prier tous les jours pour M. mon cousin, comme

1) Il lui payait 85 livres pour l'usage de la voiture et la nourriture et le coucher des chevaux et du cocher.

je le ferais pour moi-même, pour que Dieu le ramène
ici sain et sauf et pour que mon fils ne le rencontre
point en chemin, car je ne lui fais pas tort en le croyant
capable de chercher à le supprimer, d'une façon ou de
l'autre, puisqu'il sait que son parent doit rapporter ici
beaucoup d'argent». N'est-ce pas là un beau témoignage
qu'une pauvre mère est obligée de donner à son propre
enfant ? » (714).

Dans la suite de ses notes, Zetzner est encore revenu,
à plusieurs reprises, sur les conséquences financières de
son voyage en Espagne, et chaque fois — on va facilement en comprendre la raison — avec une acrimonie
nouvelle. Cinq mois après son retour, le 22 mai 1719,
MM. Jean et Antoine Masson lui écrivaient de Cadix
qu'ils avaient signé l'arrangement de Surmont, avec ses
créanciers, au nom de notre Strasbourgeois. La masse
leur payait décidément 24% de leur dû, de sorte qu'un
second payement de 9% devait s'ajouter aux 15%
déjà reçus. Cela faisait une somme de 1963 piastres et
un tiers, qu'on promettait de lui faire tenir, une fois
la répartition des fonds terminée, en traites sur Amster-
dam¹). Au lieu de se réjouir de ce petit bonheur inattendu,
Zetzner se lamente sur la perte des 15.580 piastres qui
devient définitive, et qu'il n'avait jamais pu espérer
réaliser en entier. Pour exaspérer encore sa douleur, il
transforme ces piastres, d'après le change du moment²),

---

1) Entre les feuillets 718-719 est collé « l'accomodement » de Surmont,
griffonné en un espagnol à peu près illisible, au bas duquel s'étale le
paraphe de notre connaissance, don Juan Francisco Gamonales.

2) Zetzner donne (p. 720-721) une série de chiffres sur le change
d'alors qui montre bien que nous sommes en plein dans l'ère des spéculations effrénées ; voici ce qu'il dit : « On s'étonnera peut-être du prix
exorbitant de l'argent et des louis d'or, mais au moment même où j'écris
ceci (28 septembre 1720), le change de Paris sur Amsterdam est de
7 deniers pour un rixdale, à échanger contre des billets de banque,
qui pourtant sont émis dans le commerce et dans l'usage journalier,
comme argent comptant ; cela équivaut à 1428 $\frac{4}{7}$ % ! Je veux dire que
quand on débourse 7 stuyver hollandais à Amsterdam, on vous en
donne à Paris 60 sols en billets de banque, ou bien encore, celui qui
a à payer 100 florins à Amsterdam est obligé de débourser 1428 livres
en billets de banque. Assurément quelqu'un qui n'aurait pas vécu en

en 94.000 livres de France, et gémit sur cette « triste
nouvelle » *(betrübte zeitung)* ; mais qu'y faire, sinon se
résigner à ce dur sacrifice ! (p. 710).

Il n'était pas cependant au bout de ses malheurs,
quant à son « aventure espagnole ». Après avoir longtemps attendu ces traites, qui n'arrivaient jamais, une
lettre de MM. Masson, datée du 9 juin 1721 (elle lui
arriva le 7 juillet) lui annonçait que M. Macé, le syndic
de la faillite Surmont, avait enfin procédé à la répartition des fonds, mais qu'il ne lui revenait plus, à lui,
Zetzner, que 6 ½ %, et encore une partie de sa créance
serait-elle versée en soieries. Donc, encore 2 ½ % de
perdus ! Il paraît que, lors de l'accord, certaines sommes
avaient été comptées comme sûres, qui s'étaient trouvées
finalement être des créances véreuses. « Ce fut derechef
une bien triste nouvelle pour moi ! » Et ce ne fut pas
la dernière ; car, si nous voyons MM. Masson lui envoyer,
peu après, des effets de commerce, d'une valeur de
640 ducats, sur Coek et Barbou, d'Amsterdam!), il
semble bien que les soieries ne furent jamais expédiées
ni réalisées à son profit, car il intente, au cours de
l'année suivante, un procès à M. de Surmont, retiré
chez sa mère, à Lille, par devant la justice consulaire
de cette ville, puis au parlement des Flandres à Douai.
Il lui réclamait 6350 livres qui lui étaient encore dues,
d'après un contrat formel, mais, malgré les efforts de
son avocat, M. Bridoul, il perdit le procès, d'abord en
première instance, puis, le 17 novembre 1722, en appel.

---

ce temps et vu ces choses par expérience, ne les croirait pas. Les 1963
piastres qu'on me doit encore, ou les 4.297 florins hollandais représentent
donc 73.627 livres en billets de banque, et, à cette heure, ces billets
doivent être acceptés comme valeur au comptant, en vertu d'un arrêté
du Conseil ».

1) Si j'ai des commerçants parmi mes lecteurs, cela les intéressera
peut-être d'apprendre que ces traites de Jamets frères et Ollivier sur
Coek et Barbou, furent vendues par Zetzner à Francfort (avec 140 ⅛%
de profit) pour de l'argent hollandais, soit 1856 florins, équivalant à
5368 livres, argent d'Alsace (p. 733).

à Douai (1), malgré les belles promesses que lui avaient faites certains conseillers, dans les visites qu'il leur fit en solliciteur respectueux.

La dernière réminiscence que l'on rencontre dans le *Reiss-Journal*, au sujet de ce « voyage d'Espagne » et des motifs qui l'ont amené, se rattache à l'année 1728, alors que la situation du pauvre Zetzner s'était beaucoup aggravée, que des friponneries domestiques (querelle d'héritage avec un beau-frère), de nouvelles faillites au dehors, des spéculations malheureuses, et surtout la grande crise générale du temps, avaient presque entièrement ruiné son commerce jadis si florissant et le poussaient déjà vers la banqueroute. En un jour de mélancolie noire, le pauvre homme a noté à la page 867 de son gros in-folio, l'alinéa suivant : « Compte-rendu fidèle de la situation de Pierre-Ignace de Surmont, de Cadix. A quoi se montent les pertes qu'il m'a fait éprouver par sa faillite en 1718, et qu'il n'a point encore réglé à ma satisfaction, malgré notre accomodement. Dans la balance produite par lui, il avouait un passif de 66.375 piastres mexicaines, soit de 381.650 livres ; il se reconnaissait détenteur d'effets divers pour 31.780 piastres, soit 182.735 livres. Il aurait donc pu payer à ses créanciers 48 % au lieu de 24 % qu'il leur a promis, et dont il me doit encore, aujourd'hui 24 février 1728, 2 1/2 % ... J'aurais dû toucher près de 130.000 livres d'Alsace, j'en ai reçu 13.000 ; la perte a donc été pour moi de 117.000 livres. Dieu préserve tout le monde, même mes pires ennemis, de pareils malheurs ! »

1) Nous trouvons, joint au *Journal* (p. 801) un mémoire imprimé : Le sieur Jean Zetzner, marchand en la ville de Strasbourg, appelant des juge et consuls de Lille, depuis impétrant de lettres de requête civile pour alléguer faits nouveaux, contre Pierre-Ignace de Surmont, marchand à Lille, intimé ». Le document est imprimé à Lille, signé par Me J. B. Bridoul, 7 pages in-4°. — Le litige fut « appointé », c'est-à-dire ajourné pour instruction nouvelle, et ne semble pas avoir été tranché sans doute notre Strasbourgeois perdit courage ; en tout cas il n'en parle plus.

Peut-être était-il un peu trop pratique dans ses récriminations, un peu trop terre à terre, l'excellent banquier et trafiquant en denrées coloniales ; mais les poètes et les gens à envolées poétiques ont été, de tout temps, plutôt rares dans ma chère ville natale. En balançant ses profits et ses pertes, Zetzner ne portait point en compte toutes les impressions, si variées et si bizarres, toutes les émotions, si poignantes, que lui avait valu sa fugue au-delà des Pyrénées. Quels merveilleux récits à faire, le soir, au *poêle* de sa tribu, devant un auditoire de philistins ébahis ! Haies d'aloès en fleurs, forêts d'orangers, Morisques aux yeux ardents, sveltes Andalouses, vins capiteux, corsaires barbaresques, brigands de Castille, villes d'Afrique, que sais-je encore ? n'étaient pas alors des spectacles ordinaires et faciles à contempler pour l'homme que le sort faisait naître sur les bords du Rhin et de l'Ill. Il les avait admirés, tout positif qu'il fut en ses aspirations journalières, — nous l'avons vu — du moins en détail. Mais il ne lui fut pas donné de les priser assez haut, pour se consoler de la perte de ses piastres, et pour un sac d'écus sonnants il aurait volontiers renoncé, je le crains, à tous ses souvenirs de voyage, qui pourtant sont l'unique raison de l'intérêt qu'il peut éveiller encore aujourd'hui parmi nous. C'était à coup sûr un excellent homme que Jean-Everard Zetzner, un époux modèle, un chrétien pratiquant et sincère, un homme d'affaires entendu, quoique malheureux. Mais il lui manquait une chose, dont l'absence se fait cruellement sentir dans son gros volume, — et c'est pourquoi je resterai sans doute le seul lecteur qui ait eu la patience de l'étudier d'un bout à l'autre — la force imaginative, la verve poétique, qui embellit les réalités de l'existence, qui sans doute irrite parfois nos désirs, mais plus souvent encore berce nos souffrances et nous console de nos déboires, qui fait naître et conserve les illusions chéries. Les gens ultra-raisonnables l'appellent la *folle du logis*, mais ceux qui ont été assez heureux pour l'entrevoir seulement,

où la fréquenter dans leur pèlerinage ici-bas, consenti-
raient à bien des sacrifices matériels plutôt que de se
séparer de cette compagne, qui leur reste fidèle, au-delà
des confins de la vieillesse, alors que tout autour d'eux
lasse, s'efface, se brise et disparaît, à mesure que les
autres forces vitales s'estompent et s'éteignent, comme
le soleil couchant disparaît à l'horizon.

Ouvrages du même auteur :

La destruction du protestantisme en Bohême. Épisode de la guerre de Trente Ans. 2° édit. Strasbourg, Treuttel et Würtz, 1868. 1 vol. in-8°.

La sorcellerie au seizième et au dix-septième siècle, particulièrement en Alsace. Paris, Fischbacher, 1871. 1 vol. in-8°.

La Chronique strasbourgeoise de J. J. Meyer, l'un des continuateurs de Kœnigshoven. Strasbourg, Noiriel, 1873. 1 vol. in-8°.

Pierre Brully, dominicain de Metz, ministre de l'Eglise française de Strasbourg, 1539-1545. Strasbourg, Treuttel et Würtz, 1878. 1 vol. in-8°.

L'Alsace pendant la Révolution française. I. Correspondance des députés de Strasbourg à l'Assemblée nationale (année 1789). Paris, Fischbacher, 1880. 1 vol. in-8°.

Notes pour servir à l'histoire de l'Eglise française de Strasbourg (1545-1793). Strasbourg, Treuttel et Würtz, 1880. 1 vol. in-8°.

Les Colloques scolaires du Gymnase protestant de Strasbourg. Strasbourg, Treuttel et Würtz, 1881. 1 vol in-8°.

Vieux noms et rues nouvelles de Strasbourg. Causeries biographiques d'un flâneur. Strasbourg, Treuttel et Würtz, 1883. 1 vol. in-16°.

La justice criminelle et la police des mœurs au seizième et au dix-septième siècle. Causeries strasbourgeoises. Strasbourg, Treuttel et Würtz, 1885. 1 vol. in-16°.

David Livingstone, missionnaire, voyageur et philanthrope. Paris, Fischbacher, 1885. 1 vol. in-8°.

Charles de Butré, un physiocrate tourangeau en Alsace (1724-1805). Paris, Fischbacher, 1887. 1 vol. in-8°.

Louis XIV et l'Eglise protestante de Strasbourg au moment de la Révocation (1685-1686). Paris, Fischbacher, 1887. 1 vol. in-18°.

La Cathédrale de Strasbourg pendant la Révolution. Etudes sur l'histoire politique et religieuse de l'Alsace (1789-1802). Paris, Fischbacher, 1888. 1 vol. in-16°.

Charlotte de Landsberg et le sacrilège de Dorlisheim (1722-1723). Strasbourg, Treuttel et Würtz, 1888. 1 vol. in-18°.

Documents relatifs à la situation des protestants d'Alsace au XVIII° siècle. Paris, Fischbacher, 1889. 1 vol. in-18°.

Les Collectanées de Daniel Specklin, chronique strasbourgeoise du seizième siècle. Strasbourg, Noiriel, 1890. 1 vol. in-8°.

Correspondances politiques et chroniques parisiennes adressées à Christophe Güntzer, syndic royal (1681-85). Paris, Fischbacher, 1890. 1 vol. in-8°.

Histoire du Gymnase protestant de Strasbourg pendant la Révolution (1789-1904). Paris, Fischbacher, 1891. 1 vol. in-18°.

... pendant La Révolution française, tome III. Documents inédits et divers des Archives de Strasbourg (1790-1793). Paris et coll... ...bacher, 1899. 1 vol. in-8°.

Jean-David Mussenet, cultivateur à Heiligenstein, député du Bas-Rhin à l'Assemblée législative, etc. Strasbourg, Treuttel et Würtz, 1897. 1 vol. in-8°.

L'Alsace au XVIIe siècle, au point de vue géographique, historique, administratif, économique, social, intellectuel et religieux. Paris, Bouillon, 1897-1898. 2 vol. in-8°.

De scriptoribus rerum Alsaticarum historicis inde a primordiis ad saeculi XVIII exitum. Strasbourg, Schmidt-Bull, 1897. 1 vol. in-8°.

La Chronique strasbourgeoise du peintre Jean-Jacques Walter pour les années 1672-1676. Texte et traduction annotée. Paris et Nancy, Berger-Levrault, 1898. 1 vol. 8°.

Correspondance intime d'Ulric Obrecht, préteur royal, et de J.-B. Klinglin, syndic royal de Strasbourg (1688-1698). Strasbourg, Treuttel et Würtz, 1899. 1 broch. in-8°.

Joseph Liblin et la *Revue d'Alsace* pendant un demi-siècle (1849-1899). Strasbourg, Treuttel et Würtz, 1899. 1 broch. in-8°.

Une mission strasbourgeoise à la cour de Louis XIII (1631). Paris et Nancy, Berger-Levrault, 1900. 1 broch. in-8°.

Les suites d'un emprunt : épisode des rapports de la Cour de France et de la République de Strasbourg (1646-1648). Paris et Nancy, Berger-Levrault, 1902. 1 broch. in-8°.

L'assassinat de Rastatt et son dernier historien. Paris, 1902. 1 broch. in-8°.

Les premières Revues d'Alsace (1834-1837). Strasbourg, Treuttel et Würtz, 1901. 1 broch. in-8°.

Le dix-huit brumaire, étude historique et morale. Strasbourg, Treuttel et Würtz, 1903. 1 broch. in-8°.

Vieilles paperasses et vieilles gens. Souvenirs d'une famille alsacienne pendant la Révolution. Paris, Fischbacher, 1904. 1 broch. in-8°.

Notes historiques et archéologiques de J. Hermann sur Strasbourg avant et pendant la Révolution. Strasbourg, Staat, 1905. 1 vol. in-18°.

Les Églises protestantes d'Alsace pendant la Révolution (1789-1802). Paris, Fischbacher, 1906. 1 vol. in-18°.

www.ingramcontent.com/pod-product-compliance
Ingram Content Group UK Ltd.
Pitfield, Milton Keynes, MK11 3LW, UK
UKHW020006080726
13614UKWH00003B/1279